食卓は学校である

玉村豊男
Tamamura Toyoo

a pilot of wisdom

EDE, BIBE, LUDE.

POST MORTEM NULLA VOLUPTAS.

食え、飲め、遊べ。
死後にはなんらの快楽なし。

――羅甸《ラテン》古諺（出典不詳）

朝礼の挨拶——私たちが学びたいこと

みなさん、おはようございます。きょうは、これから、食卓を囲むことの楽しさについて、また、あるとき、どこかに、何人かが集まって、ともに食事をする……ということが、どういう意味をもっているのかについて、お話をしたいと思います。

食卓は学校である、という言葉を、私はイタリア人から教えられました。

「イタリア人は、本も読まないし、勉強はあんまり好きじゃないけど」

と、そのイタリア人はいいました。

「でも、人生に必要なことは、みんな食卓から学んできた」

彼は、学校を出たあと日本に来て、会社に勤めたのですが、日本人が羨《うらや》ましくてしかたがなかった、といいます。

「だって、会社が終わると、家に帰らないで、同僚と飲みにいったりするでしょ。奥さんに電話もしないで。そんなこと、イタリアでは考えられないよ。もし、ぼくがイタリアでそんなことしたら、一度で大喧嘩《おおげんか》、二度やったら離婚だよ」

これはイタリア人に限らず、少なくとも欧米の国ではたいがいそうだと思いますが、会社が終わったらまっすぐ家に帰って、家族といっしょに夕食をとるのが常識です。よほどの理由でもない限り、いや、どんな理由があったとしても、妻に無断で夕食をすっぽかすなど、言語道断の振舞いといっていいでしょう。

大人は仕事があるし、子供は学校に行っているから昼食はしかたがないとしても、毎日の夕食はかならず家族が揃《そろ》って食卓を囲み、そして日曜日には親戚や友人を招いて、昼間からたっぷり時間をかけて食事を楽しむのがイタリア人やフランス人の習慣です。

フランス人は、自分たちのことを、

「世界でいちばん食卓についている時間が長い民族」

といって自慢(?)しますが、彼らはいったん食卓についたら二時間や三時間は離れません。イタリア人も同じようなものでしょう。

イギリス人がティータイムというと仕事をスパッとやめてお茶を飲みはじめるように、

フランス人やイタリア人は、食事の時間がくると、仕事は途中でもかまわず放り出してしまいます。私はときどきテレビや雑誌の取材でフランスへ行くことがありますが、現地で参加するフランス人のスタッフは、朝から撮影をスタートしてようやく調子が出てきたところなのに、昼食の時間が近づくと急にそわそわしはじめ、まだ仕事をしている日本人スタッフを尻目にさっさと機材をかたづけはじめます。

そういう撮影は、田舎でやることが多いので、レストランのほうものんびりしていて、注文を取りにくるのも、サービスをするのも、実にゆっくりとしたものです。日本人のスタッフは、しかたなく食卓につくものの、空を見上げて、いまの光がちょうどいいんだけどなあ、と嘆いたり、時計を見ながら、これでまた予定が遅れちゃうよ、と文句をいったり、イライラして貧乏ゆすりなんかしていますが、フランス人はいっこうに動じる気配がありません。

私も、フランスに留学した最初の頃は、食事にばかりやたらに時間をかける彼らの習慣を、なんとも非効率的な、それこそ経済の発展を阻害する要因ではないか、とさえ思ったものです。なにしろ私がフランスへ行ったのはいまから四十二年前、日本が高度経済成長のまっただなかにあった頃でしたから。

しかし、その後、何度もそういう経験を重ねているうちに、なるほど、ひょっとするとこれは悪くない習慣かもしれない、ひとつの社会的なシステムとして、かなり有益な効能があるのでは……と思うようになったのです。いまでは、

「フランス留学で学んだことはなんですか」

と聞かれると、

「どんなに忙しくても、食事は決まった時間にかならず食べること。それから、いったん食卓についたら、ほかのことをすべて忘れて楽しく過ごすこと。学校ではなにも勉強しませんでしたが、このふたつだけは食卓で学びました」

と答えます。

「子供の頃は、両親の知り合いを招いたときなんか、けっこう緊張したものさ」

と、例のイタリア人は話してくれました。なにを勉強しているのか、スポーツはなにかやっているか、将来の希望は……など、聞かれればそれなりに答えなければいけません。それも、丁寧な、大人の言葉を使って。来客が帰ったら大暴れするような悪ガキでも、食

卓についているあいだは良い子でいなければならない。それは、社交の勉強でもあり、コミュニケーション能力の鍛錬にもなる、学校では教えてくれない課外授業です。

「大人だって、それぞれ、なにかしら、会話の弾むような話題を提供しなければならないし、そういうときに、違った仕事や経験をしている人から聞く話は、本当に勉強になるものだよ」

たしかに、イタリア人のいうとおりかもしれません。十分や十五分でかきこむランチなら上司の悪口でもいっていれば済むかもしれませんが、二時間となると、順番が回ってくれば気のきいた話題のひとつも提供しなければならない。映画や本の感想を語るにせよ、旅の話をするにせよ、自分の体験を、その場の誰もが興味をもてるように、ときにジョークも交えて面白く語るのは、そう簡単なことではありません。また、難しい政治や経済の話題でも、立場や意見が異なる相手を傷つけないようにうまく話をもっていく技術があれば、食卓の談論をさらに興味深く盛り上げることができるのです。

食卓を囲んで楽しい人……になるには、それなりの努力や訓練が必要です。ただ食欲があればよい、酒が飲めればよい、おしゃべりならそれでよい、というわけではありません。

人間力、というのでしょうか、いわば総合的な人間の器量が試されるのが食事の場で、「われわれは小さい頃からそれを食卓で学んでいるのさ」

というのがイタリア人の主張なのですが、経済は発展しなくても、楽しく毎日が暮らせればよいではないか、といわれたような気もして、とりわけ昨今の私たちには、心に落ちるものがあるような気がします。

食卓に長い時間つくといっても、贅沢《ぜいたく》なご馳走《ちそう》を用意する必要はありません。食卓を囲む楽しみに必要な食べものは、感動のために声も出なくなるほどの美味ではなく、ただ、おしゃべりが途切れるほどまずくなければよいのですから。

日本のテレビを見ていると、料理の番組や、料理の番組でなくてもタレントや有名人がやたらにあちこちで料理を食べまくるシーンが多いことに気づきます。それも、どの店がおいしいとか、この食材はどこの産地でなければとか、どちらが高級で値段がいくらするとか、料理や食材そのものを問題にする傾向が強いようです。

たしかに、ミシュランの調査員たちも困ったように、日本にはおいしい店がいっぱいあり、料理人たちの腕もたしかです。自賛とはいえ、日本人が繊細で優れた味覚をもっていることも認めてよいでしょう。

フランスやイタリアへ行ってご覧なさい。そういっちゃあナンですが、おいしくない店がいっぱいある。おいしい店を探すほうが難しいくらいです。でも、そのあんまりおいしくない料理を、みんな、実に楽しそうに食べているのです。食べているほうも、サービスしているほうも、この程度の料理でなんでそんなに楽しいのかわからないくらいに、食事をすることを、食卓を囲む時間を、心から楽しんでいるようすが伝わってきます。

私たちは、おいしいものを食べるのが食卓の楽しみであると、高価なものを食べるのがご馳走であると、勘違いをしていたのかもしれません。

私は、六時限にわたる本日の授業をみなさんといっしょに学ぶことで、食卓を囲む楽しみとはなにか、本当のご馳走とはなにか、ということを、もう一度考え直してみたいと思います。

きょうの授業では、人間の食がもつさまざまな側面について、具体的なエピソードを挙げながら考察を進めます。私たちの食の背後に広がっている広大な世界を知るとき、それまでありふれたものだとばかり思っていた毎日の食卓が、また違った風景に見えてくるかもしれません。

A TABLE! ON VA FAIRE LA NOCE.

さあ、お祝いだ、うまいものでも食おうじゃないか。

私が『今日より良い明日はない』(集英社新書)の最後のところで紹介した言葉ですが、どうせ世の中そういいことばかりではないのだから、せめて「毎日のつまらない食事」を、「お祝いのような楽しい食卓」にすることができたら……というのが私の願いです。

目次

第三時限　食の進化 78

第四時限　食の伝播 120

第五時限　食の禁忌 ── 158

第一時限　食の時間

私は、料理に関するエッセイのコンテストや、家庭料理のアイデアコンクール、あるいはテーブルセッティングやおもてなしの趣向を競う賞などの審査員を何度もやったことがあるのですが、みなさん熱心に考えるあまり、こういっては失礼ですが、思わず笑ってしまうようなアイデアに出会うこともしばしばあります。

ある人のアイデアは、家に招いたお客さんの全員に、裃《かみしも》を着てもらってからパーティーをはじめる、というものでした。カミシモ、ですよ。どんな服装をしていっても、あらかじめ用意された裃を着せられる。料理が和食で設《しつら》えも和風だから、というのですが、どうでしょう、なんだか食べにくそうですね。それとも、焼肉屋さんの紙エプロンのつもりで羽織ればよいのでしょうか。

傑作だったのは、家庭内流しそうめん、というやつでした。部屋の中に、太い竹を割った水路を用意する。そこに、水といっしょにそうめんを流すのです。お客さんは、竹の水路の前に並んで座り、流れてくるそうめんを箸《はし》ですくって食べるわけですが、もてなす家の人は大忙しです。奥さんは横に座ってさあどうぞとすすめる役ですが、ご主人のほうは、高いほうから水とそうめんを流すと、すぐ下のほうへ走っていって、落ちてくる水とそうめんの残りを容器で受けるのです。これを何回も繰り返すのですから、相当の運動量。竹の水路の背後には屏風《びょうぶ》が立ててあるので、走る姿は見えませんが、きっとドタバタと足音がするでしょうから、お客さんのほうも落ち着いて食べることはできそうにありません。

ごはんと味噌汁のフルコース

エッセイのコンテストでは、こんな話がありました。

日本人は、食事の時間が短いといわれます。聞くところによればフランス人は二時間も三時間もかけてゆっくり食事をするそうですが、私は、日本人ももっと時間をかけて食事を楽しむべきだと思います。フランスでは、料理を順番にもってくる、フルコースの食事です。が、日本では、全部の料理をいっぺんに食卓に並べてしまう。考えてみたら、これが食事の時間を短くする最大の原因だ、ということに気がつきました。わが家では、そう考えて、ごはんと味噌汁と焼き魚をフルコースで食べ、ふだんなら十五分で済んでしまう食事を、一時間以上も引き延ばすことに成功しました……。

まさに、画期的なアイデアですね。この人の凄《すご》いところは、フルコースだからといって品数を増やそうとするのではなく、いつもと同じ内容の食事を、ただ、時間差で食べよう、と考えたことです。

味噌汁はスープだから、最初に出す。

スープを食べ終わったら、メインディッシュ。焼き魚ですね。

それから、ごはん。コメはフランスでは野菜扱いだから、メインディッシュのあと、という位置づけです。ごはんにはさすがに漬物を添えたようですが、最初はごはんも食べずに味噌汁だけ飲み、次は焼き魚を全部食べて……文句をいわなかったご主人とお子さんもエライ。

たしかに、こうすれば時間はかかります。フランス人は二時間かけて食べる、といっても、二時間のあいだ、のべつ幕なしに食べ続けているわけではありません。一皿食べてから次の一皿を待つ、その待ち時間が長いのです。もちろんそのあいだ彼らはおしゃべりをしていますから、手持ち無沙汰《ぶさた》になることはないのですが、料理を順番に出す、というフルコース方式が、フランス人の食卓につく時間を長くしていることは否定できません。

日本人だって、食べるスピードがとくに速いわけではないでしょう。食べるスピードには、個人差があります。私は、すごく速い。昔は、ヘビ年の人は嚙《か》まずに呑《の》み込む、といわれたものですが、私はヘビ年ではありません。でも、せっかちなので、なんでも呑み込むように食べてしまう。もっとゆっくり嚙んで食べないとからだに悪い、と子供の頃からいわれてきましたが、なにしろ自動ドアが開ききらないうちに頭をぶつけるくらいのせっかちなので、いっこうに直りません。フランス人にだって、こういう人もいるのではないでしょうか。

日本の料理は、材料があらかじめ小さく切られているか、さもなければ柔らかく処理されていて、箸でつまんだり、ほぐしたりすることができます。それに対してフランスの料理では、食べる人が肉の塊をテーブルの皿の上で切り刻む。これをもって、動物の解体処理作業を思わせる行為を公衆の面前でおこなわず、食べる人に見えないように厨房《ちゅうぼう》で済ませてくる、しかも、箸という道具を媒介にして肉との物理的な距離をつねに保とうとする中国料理系のシステムのほうが、西洋料理より「文明的」である、という文化人類学的な解釈もあるようですが、文明度の比較はともかく、食卓の皿の上で肉を切ったり野菜を切ったりする行為も、ある程度は食事時間の長さに関係してくるでしょう。

また、フランス人に限らず、欧米の人たちは一般に猫舌です。彼らの体温は日本人より高いのですが（フランス人にアンケートをとったところ、彼らが「熱が出た」と感じるのは三十八度を超えてからで、それ以下は「平熱」だそうです）、どういうわけか熱い食べものに弱い。だから日本人のように、超アツアツの汁物を、お椀《わん》の縁にはほとんど口をつけないまま、中身だけを、空中を瞬間移動させながら口中に吸い込む……というような芸当はできません。彼らがスープを音を立てずに食べることができるのは、熱伝導率のよい金属製のスプーンの窪《くぼ》み全体を口の中に入れて舐《な》めるように中身をしごいても熱くない程度に、あらかじめスープの温度が調整されているからです。日本料理のように、熱いものは熱く、冷たいものは冷たく、と、料理の温度に極端に神経質になることはないのです。もし、うんと熱い料理が出たとしたら、少しおしゃべりをして冷めるのを待つのではないかと思います。こうした性癖も、食事の時間に影響するかもしれません。

しかし、ナイフ・フォークと箸、猫舌……といった要素を勘案したところで、食事時間の長さの違いを説明する決定的な理由になるとは思えません。やはり、出てくる皿と皿のあいだの物理的な時間が、両者の時間差の最大の理由でしょうか。

パリジャンの日常食

フランス人は、たしかに毎日の食事をコースで食べます。前菜、メインディッシュ、そしてデザートと、少なくとも三皿の料理を、順番に出して食べる。家庭でもそうですし、レストランで外食するときも、よほど高級な店に行って散財するのでもない限り、この三品で済ませるのがふつうです。メインディッシュのあとにサラダなどを別に盛って出すことはありますが、一回の食事では、前菜またはスープから一品、魚または肉で一品、最後にデザートまたはチーズ、と選ぶのが常識的なチョイスですから、フルコース、というのは言い過ぎかもしれませんが、いちおうそれなりに時間はかかります。

たとえばパリなどの都会で暮らす家族の場合、たいてい夫婦とも働いていますから、昼は会社の近くのカフェでサンドイッチを買ってくるか、会社から食券代わりにもらえる優待チケットを使って安い食堂で定食を食べる。定食も本来は三品コースですが、最近は節約とダイエットのために、前菜とメイン、またはメインとデザートなど、二品で済むコースを設定する店も多くなりました。また、ステック・フリット（ビフテキとフレンチフライ）を最初から頼んで、一皿で済ませることももちろんできます。

いまでも田舎へ行けば昼食に二時間もかける昔ながらの習慣も残っていますが、パリの会社の昼休みは四十五分間しかなかったりするので、そうのんびりと食べているわけにもいかないのです。が、食事は十分で済ませてあとの時間はキャッチボールをして過ごす、というような、日本の高度成長期のサラリーマンのような人はいませんから、一時間でも四十五分でも目一杯使ってランチをとります。

で、前述したように、会社が終わったらまっすぐ家に帰る。両親の帰宅に合わせて、子供も家に戻ってきます。夫が妻に無断で夕食をすっぽかしたら大変なことになるように、子供もかならず時間がくれば夕食のテーブルにつくのです。

食べるものは……例によって、たいしたものではありません。帰宅したおかあさんは、着替えてすぐ台所に入ります。冷蔵庫から、トマトを取り出して輪切りにする。めいめいの皿の上にそれを盛り、ドレッシングをかければ出来上がりです。サラド・ド・トマト。フランス語で発音するとちょっとカッコよく聞こえます。

トマトがなければニンジンでもよいでしょう。ニンジンの場合は、輪切りではなく繊切りにするのが慣わしです。もちろん包丁で切るのではなく、スライサーを使います。

冷蔵庫の中に冷めた茹《ゆ》でタマゴがあればもっと簡単です。固茹でタマゴを縦半分に切って、皿の上に伏せて置きます。レタスの葉の一枚も下に敷けば、前菜らしい格好がつくでしょう。そして、上からマヨネーズを絞り出す。これが、ウフ・ア・ラ・マヨネーズ、という、家庭でも社員食堂でもどこでも定番の、フランス人が好んで食べる前菜です。

あるいは、冷蔵庫にハムやサラミが入っていたとか、棚の上にオイルサーディンの缶が見つかった、というようなときは、そのまま出せば前菜になります。オイルサーディンは缶のまま、蓋《ふた》だけ開けて小皿の上に置けばよいのです。

そうしたなんらかの簡単な前菜を用意し終わったら、おかあさんは会社の帰りに買ってきたステーキ用の牛肉を、グリラーの網に載せてタイマーのスイッチを入れる。料理の心得のあるおかあさんなら、グリラーに入れる前に塩くらいは振るでしょう。それから、冷凍のフリットをジャガイモ揚げ器にセットする。

ふたりとも昼にステック・フリットを食べたのですが、夜もまた同じものを食べるのです。なにしろ、この組み合わせはフランス人の国民食とでもいうべき、不動の定番料理なのです。ビフテキというと（焼き魚より？）贅沢に聞こえるかもしれませんが、安い、硬い、赤身の肉です。太り過ぎが気になるので、ひとりあたり百五十グラム、いや、百二十グラムにしておきましょうか。食べ盛りの子供には少し多く。いずれにしても、上にジャガイモを載せると隠れてしまう程度の肉の大きさです。

ジャガイモは拍子木に切って植物油で揚げるのが、これまたフランス人の常道です。そのためどの家庭にも「ジャガイモ揚げ器」というのが（日本の家庭に炊飯器があるように）

常備されていて、あらかじめカットされた市販の冷凍品を揚げ器の中の油に入れれば、時間がくればチンといって自動的にできあがります。

肉とジャガイモをセットしたら、おかあさんは前菜をテーブルに出します。いや、大半のフランス人の家庭では、食堂に飾ってある大きな四角いテーブルはふだんは使わず、家族だけの食事は台所の隅に置いてある丸いテーブルで済ませてしまうことが多いので、トマトや茹でタマゴは皿に盛るなりテーブルに置いたかもしれません。子供もそのくらいの手伝いはしてくれるでしょう。

夫はなにもしないのがふつうですが、ステーキのあとに食べるサラダの水切りだけは亭主の仕事、というのがこれまたフランスの伝統なので、おかあさんが洗ったレタスを水切り器に入れて水を切る夫がいまでもいるようです。かつては鉄網の籠《かご》に入れて中庭のベランダで振りまわしたものですが、最近は遠心脱水式の水切り器が普及したので、夕食どきの中庭に上階から雨のように水が落ちてくる光景は見られなくなりました。

さて、前菜を並べて夕食のはじまりです。前菜を食べ終わるまでに、それぞれの職場や学校でなにがあったか、くらいは話せるでしょう。

前菜を食べ終わったら、皿をかたづけ、チン、と焼きあがったステーキと、同じくチン、と揚がったフリットを、メインディッシュの皿に盛りつけます。レタスのサラダはドレッシングをからめて大鉢に盛って出すので、各自、肉とジャガイモを食べ終わった皿に大鉢から好きなだけ取って食べます。

毎日同じステーキとフリットとレタスのサラダですから、その日の料理の味について言及することはないのがふつうですが、それでも彼らならここまで一時間近くかけて、あれこれおしゃべりするのではないでしょうか。

肉料理までを食べ終わったら、テーブルの上をいったんかたづけて、デザートタイムです。お菓子やアイスクリームの買い置きなどがあれば上々ですが、なにもなければ、籠に入っているフルーツでいいでしょう。もう何日も前に買ったリンゴやオレンジが、籠の中でなかば干からびていますから、自分で皮を剝《む》いて食べましょう。ワインが好きなおとうさんならここでチーズという手もあるのですが、最近のフランス人はめっきりワインを飲まなくなりました。とくに、比較的若く、可処分所得の高い、健康的なライフスタイルをよしとする世代は、ワインを飲むのは週末だけで（そういうときはちょっと高いワインを少し飲む）、ウィークデーは夕食でも水で済ませる、という人が多いようです。

日本人は大食漢か

フランスの食事が時系列で展開するのに対し、日本の食事は平面的に同時展開します。家庭ではごはんと味噌汁と焼き魚と漬物を同時に出しますし、旅館の夕食では数え切れないほどの皿が、ほぼ同時に、所狭しと並べられます。

が、割烹《かっぽう》や小料理屋では一品ずつ出すのがふつうです。カウンター式の板前割烹では複数の皿を同時に置く場所がありませんし、会席料理や懐石料理の看板を掲げる店では、つくりたての料理を一品ずつ出すのが高級店の証《あかし》です。平面展開が基本の日本でも、一皿ずつ時系列で出す料理店は、江戸時代からすでに登場していたといわれています。先付、おつくり、お椀、焼き物、煮物……ときて酢の物で締める、日本料理のフルコースです。

私は若い頃ガイドや通訳の仕事をしていたので、そういう日本料理店にフランス人を連れて行くことがよくありました。いまほど外国人に日本料理が知られている時代ではありませんでしたが、初めて体験する異国情緒満点の雰囲気にみんな大満足でした。

とにかく、出てくる料理が、かわいらしい。サイズも小さく、盛りつけも美しく、まるでおもちゃみたいです。最近でこそフランス料理の世界でも皿の上に絵を描くような芸術的なプレゼンテーションがおこなわれるようになりましたが、ひと昔前までは、ごそっと料理を皿の中心に盛り上げただけの、単純な点対称の盛りつけが一般的でした。ところが日本料理では、非対称の配置だったり、ミニマムなデザインだったり、食器の材質からして、磁器あり、陶器あり、木や竹の器あり。刺身が船に乗っていたり氷のかまくらの中に盛ってあったりと、自由奔放、奇想天外です。フランス人たちは、小さな料理が出てくるたびに歓声を上げてよろこびます。

が、そんなふうにして小皿料理を何皿も食べているうちに、彼らはだんだん心配そうな顔になってきます。おなかはいっぱいになってくるが、このままいつまで前菜が続くのだろう。いったい、メインディッシュはいつ出てくるのか……。

実は前菜はとっくに終わり、焼き物も煮物も、魚ばかりでなく小さなステーキだって出てきているのに、どれも小さい皿ばかりなので、彼らにはすべてが前菜であるとしか思えないのです。いや、もう料理は全部出たから、あとはごはんと味噌汁だけだ、と私がいうと、彼らは絶句して、いかにも情けなさそうな顔になるのです。

料理を順番に出すかどうかの問題より、フランス人と日本人の違いは、一度の食事でまとまった量を「がっつり」食べるか、少しの量の食事を何度も繰り返すかという、肉食動物と草食動物の違いのほうが大きいような気がします。

フランス人は、間食をしません。子供はおやつを食べることがありますが、大人たちは簡単な朝食をとったら昼まではなにも食べず、昼食が終わったら夕食まではなにも口にしないのがふつうです。食べるときには、まとめて食べる。一度獲物にありついたら、空腹になるまで何日間もなにも食べずにごろごろしているライオンに似ています。

日本人は牛のように、一日中、もぐもぐと口を動かしています。ちょこっと食べては満腹になり、そうかと思うとすぐ小腹が減って、またなにか食べたくなる。

日本のサラリーマンが、ざるそば一杯でランチを済ませているのを見ると、よくあれで足りるものだとフランス人は感心します。しかし、おとうさんたちは、午後五時に会社を出たら、その足で飲み屋に行ってなにか食べるのです。八時以前に夕食をとることは考えられないフランス人には、早過ぎる時間です。

割烹店で懐石料理を食べたフランス人は、前菜しか食べなかったような気分が残ってはいるものの、いちおうフルコースを食べたのですから、それなりに満腹になっています。だから、そのあとで、飲みに行きましょう、と誘えばついてきますが、まさかそこでまたなにか食べるとは考えていません。フランスでは、食事を終えてからコニャックなどの食後酒を飲むことはありますが、そのときはおつまみナシでお酒だけ飲むのです。

ところが日本人は、さあ、夜の銀座へご案内しましょう、といってフランス人をクラブに連れて行く。と、艶《あで》やかなマダムが出てきて、あら、フランスのお方? 素敵ねえ、とお世辞をいい、早速フルーツを注文する。これが高いんだ、クラブのフルーツは。値段を聞いたらここでフランス人は卒倒するはずだが、接待だから値段はいいいません。

フルーツならおなかにたまらないからまだいいけれど、さらに飲んでいると、日本人はそろそろ空腹を感じてきて、ムッシュウ、お寿司を食べませんか、とまた誘うのです。

スシはフルコースのあとに食べるものなのか?

フランス人は意外な事実を初めて知ってびっくりしますが、もうこれ以上は食べるつもりがないので、いまは要らない、と断ります。すると日本人はたたみかけて、そうですか、じゃあ、ラーメンはどうですか、ここのクラブの裏の店が出前してくれるラーメンは、うまいんですよ、ねえ、ママ。……フランス人は、日本人のすさまじい食欲に、ただただ感心するばかりです。

そのうえ、ふつう日本のサラリーマンは、夕方から一杯やったあと、飲みながらいろいろなものを食べ、何軒かハシゴした後、長い時間をかけて夜遅くなってから家に帰り、そこでまた小さな空腹を覚えてお茶漬かなにかを食べることも珍しくない……と聞かされるに及んで、まったく、日本人はなんて大食漢なのだと、フランス人はほとんど卒倒しそうになるのです。

私たちは、フランスやイタリアへ旅行して、街のレストランで人びとが旺盛な食欲を発揮しているところを見ると、よくあれほどの量をいっぺんに食べることができるものだと驚きます。一皿の量は半端じゃないし、日本人なら半分は残してしまいそうなのに、みんなぺろりと平らげている。山盛りのパスタをようやく食べ終わったら、黙ってお代わりをもってきて、もう食べられないと断ると、おや、どこかおからだの具合でも悪いのですかと聞かれる始末。そんな体験談には事欠きません。

しかし、彼らは一日の量を少ない回数の食事で食べるうえ、ふだんあまり外食をしないので、レストランに出かけたときはここぞとばかりに食べる、という一面もあります。また、まとめてたくさん食べることに慣れている反面、彼らはけっこう長いあいだなにも食べずにいても、日本人よりは平気です。だからレストランへ行く前の日や明くる日は、サラダしか食べないでいたりすることもできるのです。

毎日の食事に占める炭水化物の量とか、たんぱく質の割合とか、地域の生活レベルや食文化によっても食事の総量は違ってきます。しかも、食事にかけられる費用によっても、肥満や健康に対する意識の差によっても摂取量は違い、こうした要素をめぐる個人差には非常に大きいものがありますから、それらをひっくるめてある民族が大食かどうかを判断するのはきわめて難しいことだと思います。

食事にかける時間に関しても、比較のしかたで違ってきます。会社が退《ひ》けたあとの居酒屋での最初の一杯から、終電で帰って家で食べるお茶漬までを一回の食事と考えたら、日本人は七時間もかけて飲み食いしているのですから、フランス人やイタリア人に圧勝してしまうではありませんか。

日本の料理店では、フランス人が驚いたように、少量ずつ美しく盛りつけた料理が何皿も出てきます。が、それらはすべて酒の肴《さかな》で、お酒を飲みながら食べるものです。もちろんお酒を飲めない人は飲まなくてもかまいませんが、そもそも酒肴《しゅこう》として作られる料理なので、お酒を飲むかごはんを食べるかしないと、それだけ単独で食べるにはやや味が濃いのがふつうです。が、ほかの人たちがお酒を飲んでいる席では、最初からごはんをくださいという勇気はなかなかもてないものです。

ごはんは、ひととおり料理を食べたあと、最後に出ます。コースの料理が出終わる頃、仲居さんがやってきて、

「そろそろお食事にしましょうか」

と声をかけます。

「そうですね、そろそろ食事にしてください」

この会話を直訳すると、フランス人はさらに吃驚仰天《びっくりぎょうてん》します。

「そろそろ食事……って、これまで食べてきた料理は食事ではなかったのか？」

日本の料理店では、ごはんと、香の物と、味噌汁がセットになったものを、食事、と呼ぶのです。それまでに出た料理は、食事ではなく、すべて、酒の肴。肴をおともにお酒を飲み終わってから、はじめて食事をするのです。

いつからこういう習慣になったのか、私も若い頃、通訳の仕事で初めて高級な店に行って仲居さんからこの言葉を聞いたときにはフランス人と同じようにびっくりしましたが、日本ではコメを食べることがすなわち食事なので、ふつうの家庭なら、そろそろごはんにしましょうか、というところを、ごはん、ではあまりに家庭的だから、食事、という言葉を使ったのではないかと推測しています。

しかし、そう考えると、料理店では、お椀が出て、魚の焼き物も出てきますが、それらの料理を食べるあいだ、お酒は飲むけれどもごはんは出てきません。全部の料理を食べ終わってから、はじめてごはんと香の物。

これは、ごはんと味噌汁でフルコースという、あのエッセイコンテストの家庭と同じではないですか。

もしあの家で、おとうさんが最初からお酒を飲んでいたら、そろそろ食事……が出る前に、一時間近くはかかっていたはずです。戦前の日本では、おとうさんだけが家族より先に酒肴で一杯やるという習慣があったようですが、現代の一般家庭では、おとうさんが一杯飲んでいるあいだ食事をしないで待っている家族はいませんし、おとうさんに合わせて単品だけ順番に食べる家族もいないから、フルコースが成立しないだけの話でした。

食事にかける時間の意味

日本でも江戸時代から料理店における時系列のサービスがはじまっていた、といいましたが、世界中のどんな国や地域でも、料理の皿数が増えれば、順番に出すことを考えるようになります。

フランスのような宮廷料理の伝統があるところでは、贅沢な王侯貴族の食習慣が憧《あこが》れをもって受け止められ、しだいに一般のレベルまで浸透していく、ということがよく起こりました。

もともと王侯貴族の宴会では、豪華に飾りつけたさまざまな料理を、いっぺんに大きなテーブルに並べるのがあたりまえでした。とにかく見た目だけを派手に演出することに心を砕いたので、肝腎の料理は冷めようが固まろうが、まずくなってもいっこうに気にしません。だいいち、飾りだけで実際には食べられないような料理も出ていました。

それを、一八〇八年からパリに駐在するようになったロシア大使のクラーキン王子という人物が、それではせっかくの料理がまずくなってしまうから、ロシアでそうしているように、できたての料理を一皿一皿、順番に運んでくるようにしたらどうか、と提案したのが、フランスにおける時間差フルコースの発祥であるといわれています。

きっと寒いロシアではテーブルの上に並べておくと料理がすぐに冷めてしまうからではないかと私は疑っているのですが、もともとロシア宮廷にはフランスから料理人が派遣されるなど両国には深い関係がありましたから、早速この提案は歓迎され、ロシア式サービス、という名前で貴族社会に急速に広がっていったのです。

フランスでは、「火縄くすぶる」一七八九年の革命によって宮廷料理人が失職し、その後彼らが街に出て店をはじめたのが、レストランのはじまりであるといわれています。クラーキンの提案したロシア式サービスは、レストランの成立とともに時間差フルコースのスタイルとして確立し、その動きはしだいに一般の家庭へも伝わっていきました。それが今日ではフランス人のごくあたりまえの習慣になっている、というわけです。

しかし、フランス革命が起きた頃、一度の食事に何皿も料理を食べることができたのは、ほんの一握りの人びとに過ぎませんでした。

パンがなければお菓子を食べればいいのに、といったと伝えられる王妃マリー・アントワネットはともかく、飢饉《ききん》と圧政に苦しんでいた一般の民衆は、一皿の食事にさえ事欠いていたのです。

いや、貴族たちだって、ちょっと時代を遡《さかのぼ》れば、毎日食べていたのはごった煮のような一鉢のスープでした。中世までの宴会では、大鉢の中に肘《ひじ》まで腕を突っ込んで中に残っている肉片を探す彼らの姿は、決して珍しいものではありませんでした。

さらに時代が下っても、庶民たちの暮らしは同じようなものでした。一年に一頭だけ解体した豚の脂身を風干しにしておいて、食事のたびに少しだけ削り取り、豆やキャベツといっしょに鍋《なべ》に入れて煮る。硬いパンをその汁の中に入れてやわらかくして食べる。それが毎日の食事でした。

一回の食事に複数の料理を食べることができなければ、時系列の展開も、平面的な展開もできないことはいうまでもありません。どこの国でも事情は似たようなもので、日本でも、干した魚がつくのはせいぜい月に二度。あとはイモか雑穀のまじった麦飯と、漬物と塩辛い味噌汁があれば上々、という暮らしでは、どう皿を並べても同じでした。

時系列のフルコースを考え出したのは、ロシア人でもフランス人でもありません。ヨーロッパが世界の覇権を握るよりずっと前に、あらゆる文明で世界をリードしていたのはアラビア（アラブ）人でしたが、八世紀から九世紀にかけて絶頂を極めた彼らの王朝社会でも、はじめはたくさんの豪華な料理を所狭しと並べる方式の宴会だったのを、ある趣味のよい宮廷音楽家の提案で、できたてのおいしい料理を順番に運んでくる時系列のフルコースに変えた、という話が伝わっています。

江戸時代の日本の料理店もそうですが、たくさんの料理を一度に食べられるようになった豊かな社会ないし階層では、ただ多くの皿を並べた食卓を眺めて満足するだけでなく、おいしい料理をおいしく食べたいという欲求がしだいに生まれてきて、それなら順番に食べたらどうか、と思いつくのです。

いまの日本にも、コンビニで買ってきたパンか弁当だけで一食を済ますとか、一皿の料理を電子レンジで温めてそれでおしまいとか、西洋中世の庶民の末裔《まつえい》のような人もいるようですが、少なくともパンかごはんのほかに、肉か魚を中心とした一皿、それに栄養のバランスを考えて野菜の一皿くらいは、多くの人が用意することができるでしょう。

たった一皿では時間のかけようもありませんが、空間的な展開であれ、時系列の展開であれ、あるいはその折衷方式であれ、複数の皿があるのなら、ゆっくりした気分で時間をかけて食事を楽しむことができるはずです。

繰り返していいますが、たいした料理はなくてもよいのです。世界には現代でも一皿の食物さえ手に入れることがままならない人びとが夥《おびただ》しくいることに思いを馳《は》せながら、さいわいなことに私たちがたまたま豊かな社会に暮らせていることに感謝して、あたりまえの日常の食卓を、あらためて慈しむために時間を使いたい。

と、とりあえず結論づけて、第一時限を終わります。

第二時限　食の作法

バイキング料理という名称は、アメリカでそういうスタイルの店が流行していると聞いて東京の帝国ホテルが使いはじめたもので、本当はスモーガスボードというのだそうです。スモーガスボードはスウェーデン語で、実際はもっとくぐもったような不思議な発音になりますが、大きなテーブルに前菜からデザートまでのすべての料理をあらかじめ並べておいて、会食者が好きに取って食べる、というスタイルの食事のこと。それを帝国ホテルがバイキングVIKINGと名づけたのは、北欧の勇猛果敢な海の戦士になぞらえて、好きなものを食べたいだけ食べてよいという、豪快な食べ放題のイメージを表現したかったからだと思います。

が、単なる食べ放題とバイキング料理（スモーガスボード）とは、似ているようで非なるものです。

私が東京に住んでいた頃は、いまの六本木ヒルズの麻布十番寄りのところにあった、スウェーデンセンターの中の本国直営（だか公認だか）のレストランで、本格的なスモーガスボードを食べることができました。格調の高いインテリアで、料理も素晴らしく、料金は高めでしたが、食欲が旺盛《おうせい》な人なら損はしない店でした。

スモーガスボードの作法はこういうものです。

まず、席について、ドリンクの注文をする。それから、自分で料理を取りに行く。基本的にはセルフサービスですから、ホテルのビュッフェスタイルの朝食を食べるときと同じようなものですが、最初に取ってくるのは前菜です。もちろん食べ放題が原則ですから好きなものを好きなだけ取ることができ、一皿で足りなければお代わりをしてもよいのですが、とにかく最初は前菜の料理だけを皿に載せるのです。

で、ゆっくり前菜を食べ終わったら、使用済みのお皿はサービス係がかたづけてくれますから、こんどはメインディッシュを取りに行きます。

ここでも、まず魚料理を食べ、食べ終わったら肉料理を食べ、ついでにもう一皿お代わりしてもかまいません。ただ、もってきた料理は一皿ずつ順番に食べ、空になったお皿は店の人にかたづけてもらいます。

肉料理を食べ終わったら、サラダを食べましょう。大きなサラダボウルから新しいお皿にサラダを取り、自分の席に運んで食べます。

こうして一連の料理を、もうおなかがいっぱい、というまで食べたら、テーブルの上をきれいにしてもらってから、デザートにとりかかります。デザートも、お菓子からアイスクリームまで、いくらでも食べ放題。食後のコーヒーや食後酒などは、サービスの人に頼めばもってきてくれます。

つまり、スモーガスボードというのは、自分で料理の量と種類を自由に選ぶことができる、というだけで、実質的には、きわめて整然と時系列で進行する、西洋式のフルコースなのです。バイキングといっても、勝手に食べものを略奪してきて食い散らかすわけではありません。

しかし、帝国ホテルがバイキングと名づけたのはよかったのか悪かったのか、時系列の食事というものに慣れない日本人は、その名前のイメージから、どうやらなんでもアリの食べ放題……と誤解してしまったようです。

バイキング料理必勝法

これも昔の話ですが、静岡県の三津浜の湾内に、スカンジナビア号という船が浮かんでいました。その後、役目を終え、修復のため曳航《えいこう》されていく途中で老朽化した船体が耐え切れずに沈没してしまった悲劇の船ですが、私が若い頃は、船の全体が瀟洒《しょうしゃ》なレストランに改造されており、バイキング料理で人気がありました。

スカンジナビア号はスウェーデンで建造された船なのでスモーガスボードを看板料理にしたのだと思いますが、海に浮かぶ美しい白い船がレストランになっているのですから、デートスポットとしても、また観光客が集まる店としてもよく知られていました。私が行ったときもたしか彼女と二人で行ったはずです（記憶は定かでありません）が、店内を埋め尽くしていたのは観光客の団体でした。

私たちは、隅のほうの窓際に席を確保してから、飲みものを注文し、料理を取りに行きました。中央に置かれた大きなテーブルには、所狭しと料理が並んで……いるようですが、よく見えません。テーブルのまわりに団体のおばちゃんたちが蟻《あり》のように群がっていて、なにが置いてあるかわからないのです。

「こっち来《き》いな、パスタあるで」

「ケーキは、あっちや」

私はおばちゃんにも関西弁にも恨みはありませんが、まだ若かったので、端《はな》から気圧《けお》されてしまいました。

「ほな、これも、もろとこ」

「もう、これ以上、載らへんわ」

見ると、おばちゃんの皿の上にはあらゆる料理がてんこ盛りになっています。

ニシンの酢漬け、キュウリのピクルス、カナッペ、チーズ、スモークサーモン……前菜のコーナーから取ってきたらしいものはいちおうひとかたまりになっていますが、スモークサーモンの上にはハンバーグが半分載っかり、ハンバーグのソースが鶏のから揚げにかかっています。全体の三分の一くらいはスパゲッティで占められていますが、その下にもなにか料理が隠れているようでした。

たしかに、これではもう載らへんわ……と私も思いましたが、なんと、載っかったものが落ちないようにそろそろ歩いていくおばちゃんの後ろ姿を見ると、空いた左手にしっかりパウンドケーキをつかんでいるではありませんか。

あの光景は、いまでも忘れません。こら、かなわんわ……。

それでも私は勇気を奮っておばちゃんたちの列に割り込み、なんとか二人分の前菜を確保して席に戻りましたが、食べはじめたら不安になり、途中で立って別皿にメインディッシュを盛りに行きました。このままゆっくり前菜なんか食べていたら、そのあいだにほかの料理がみんななくなってしまう、と思ったからです。案の定、肉と魚を皿に盛って帰る途中、デザートのコーナーを見ると、そこにはもうなにも残っていませんでした。

先に取っておかなければ、なくなってしまう。

こういう発想は、時系列で考える西洋人にはあり得ません。フランス人やスウェーデン人がおばちゃんたちといっしょになったら、完敗することは目に見えています。

おばちゃんの皿の上には、前菜もメインディッシュもデザートも載っています。

肉料理の皿の端に甘いケーキが載っかっているのは西洋人から見ればシュールな光景に違いありませんが、日本人なら、駅弁の箱の隅のほうにアンコの入ったまんじゅうが添えられていても不思議とは思わないでしょう。おばちゃんたちは、無意識のうちに伝統的な日本人の感性を発揮して、時系列のバイキング料理の皿を、空間展開の弁当箱に変えてしまったのです。

フランス人が機内食を食べるとき

飛行機に乗ったら、隣に座った外国人の機内食の食べかたを観察してみましょう。

機内食は、ファーストクラスならワゴンでサービスしたり、ビジネスクラスでも何度かに分けて複数の皿をもってくることがありますが、エコノミークラスの場合は、ひとつのトレイの上に全部の料理を載せてくるのがふつうです。

載っているのは、たとえばカニのマヨネーズ和《あ》えとか、エビのカクテルとかいった冷たい前菜。それに、野菜サラダと、カップに入ったお菓子など。深皿に入った温かい料理にはアルミホイルが被せてあります。

そのほかに、コーヒーカップやワインのグラス、塩コショウやドレッシングの袋なども載っているので窮屈ですが、さて、こういう機内食を、日本人はどう食べるでしょうか。

もちろん人にもよりますが、たいていの日本人は、まず熱々《アツアツ》のアルミホイルを端から少し開けて、中を覗《のぞ》き込みます。なにが入っているんだろう。牛肉の赤ワイン煮込み、とか、配られたメニューには料理の名前が書いてあるのですが、それがどんなものか、日本人は好奇心を抑えることができません。このとき、あわてて指を火傷《やけど》する人もいます。

それから、やっぱり甘いものに興味がいきますね。カップの蓋を開けて、中に入っているお菓子のクリームのところを、ちょっと指ですくう。そして舐めますね。あ、甘い。お菓子が甘いのはあたりまえですが、日本人は確認したい。

それから、やおら、さあ、なにから食べようか……とフォークを手に取りますが、前菜からいくか……と思うと突然フォークはサラダに向かう。じゃあサラダかと思うと、ここで器用に左手でアルミホイルを開け、右手のフォークで中の肉を突っついたりする。日本人の行動は変幻自在です。

ふつうの食事でも、ごはんと味噌汁のほかに、焼き魚や煮物や豆腐や漬物が並んでいるテーブルの、なにから箸をつけるか、そういうクイズがあるくらいですから、なかなか予断を許しません。

和食の作法の本を読めば、まず味噌汁をすするとか、いや、最初はごはんを一口食べて、それから味噌汁にいくのだとか、いちおうの決まりはあるようですが、そんなことを気にする人はほとんどいません。なにから食べても自由。どんなふうに食べても勝手。突如として漬物からスタートしたり、一直線に焼き魚の目をほじくりに行ったり、意表を突く展開が見られることも多い。

アナーキーな日本人の行動に対して、フランス人なんか悲しいほど律儀です。

彼らは、まず、どれが前菜かを確認する。たいてい前菜はトレイの左上に置かれているものですが、前菜はサラダに似ていることが多いので、よく両者を見較べてたしかめてから（結局左上の）前菜の小皿から食べはじめます。

で、前菜を食べ終わったら、メインディッシュに取りかかる。肉料理と、つけ添えの野菜。ときどきナイフとフォークを置いてパンを食べ、ワインを飲み、再びナイフとフォークを取って肉と野菜を食べ……滞りなく食べ終わる。

次に、サラダ。前菜は食べ終わっていますから、もう間違える心配はありません。サラダを全部きっちり食べて、フランスの航空会社ならここでアテンダントがチーズをもってまわってくるかもしれないのでその場合はチーズを食べることもありますが、なければ、デザートに進みます。コーヒーは、デザートを食べ終わってから注《つ》いでもらう。

間然するところのない、教科書どおりの時系列食法です。彼らは、すべての料理が最初から並んでいる弁当箱のようなトレイを与えられても、ひとつひとつの料理を時系列のポジションに置き換えて、順番どおりに時間差で食べるのです。

どこの国や地域でも、豊かになって一度の食事に複数の料理を食べることができるようになれば順番に食べることを思いつく、といいましたが、料理店のレベルなどでそうした共通の現象があらわれることはあるにせよ、火縄くすぶる革命の頃から時系列の順に食べる習慣が身に染みついているフランス人と、ごはんの横に汁や漬物を平面的に並べることからスタートした日本人では、それぞれ動かしようもないほど異なったＤＮＡを体内に蔵している、としかいいようがありません。

フランス人はなぜ隣人の料理を味見しないのか

日本人は、レストランに行ってフランス料理を食べるとき、かならず隣の人の料理を味見します。隣の人だけでなく、四人で食卓を囲めば四人とも、自分の料理を少しずつ取り分けて、ほかの三人に配ります。これはもうお決まりの約束事のようになっているので、たがいに分け合うことを前提に、注文をするときから示し合わせてそれぞれ別の料理を取ることさえあります。

Aさんが牛なら、Bさんは豚、Cさんは鶏にするから、Dさんは羊にして。料理が運ばれてくると、まず自分の皿の上の肉を小さく切り分けて、隣の人の皿の端のほうに載せます。四人でそれぞれの肉を交換するときはたがいの手が交差してややこしくなりますが、自分だけもらって人にあげないわけにはいきませんから、無理をしてでも手を伸ばす。こうして結果的にそれぞれの皿の上には、半分くらいに減った自分の肉と、自分以外の三人から配られた、それぞれ異なる小さな肉片が並ぶことになります。

お味見と称してほかの人に分ける肉には、もともとかかっているソースを少し絡めたり、つけ添えの野菜をちょこっと載せたり、本来の味わいを再現するこまやかな心遣いを忘れませんから、牛のソースが豚のほうに流れてきたり、鶏の上の野菜が羊にもたれかかったり、ほどなく皿の上はかなり滅茶苦茶な状態になりますが、全部をたがいに配り終えて、さあ、これからお料理を食べよう……といって自分の皿に正対するときには、すでに仕事の半分を終えたような満足感が全員の表情にあらわれています。

……これも、日本人独特の、フランス人には決して理解することのできない習慣といっていいでしょう。

フランス人は、絶対にこういうことをやりません。

日本人の会食メンバーの中にフランス人が加わっている場合、日本人どうしで肉片交換会をはじめても、フランス人は参加しません。目は背けないまでも、気味悪そうに見ているだけです。日頃から日本人とつきあいの深い、日本人の会社のスタッフのような立場のフランス人が同じ行動を取ったことを一度だけ見たことがありますが、きわめて例外的なケースです。

どうしてフランス人は、隣人の料理を味見しないのか。

そう、フランス人に聞いてまわったことがあるのですが、誰も明快な理由を説明してくれる人はいませんでした。

ひょっとして、なんとなく不潔感があるのだろうか。

もちろん自分が食べている最中の肉をひょいと隣人の皿に載せるわけではなく、未使用のナイフとフォークを使って交換するのなら不潔には当たらないと思いますが、彼らには彼らの感覚があって、他人の皿から肉片が移動してくることに生理的な嫌悪感を抱くかもしれない。そう思って聞いたところ、そうかもしれない、と答えた人が何人かいました。が、どの人も、その答に確信はもてないようでした。不潔感に近いような気もするが、そうと言い切ることもできない、ような……。

しかし、少なくとも、レストランに入って席に着いたら、さあ、きょうはなにを食べようか、メニューを見ながら時間をかけて真剣に考え、サービス係にあれこれ質問しながら考え抜いた結果、私は牛だ、俺は羊だ、自分は鶏だ、と食べるものを決定する彼らからすれば、よくよく考えた末に牛と決め、すっかり牛を食べる気分になっているのに、右隣からは羊がくる、左隣からは鶏がくる……では、なんであんなに真剣に悩んだのかわからないではないかと、文句のひとつもいいたくなるでしょう。

もちろんフランス料理にも、テーブルの中央に大きな鍋や肉塊を置いて、そこからそれぞれが自分の分を取り分ける、という食べかたがあります。きちんとしたレストランならサービス係が取り分けてくれますが、家庭の延長のような田舎の食堂なら、自分たちで勝手に鍋をまわして取り放題、ということもある。でもそれは、いったん各自の皿に載った料理を、そこからさらに別人の皿に移す、というのとは違います。フランス人は、一度確定した自分のテリトリーを、あとから他人に侵されるのが嫌なのかもしれません。

パリの中国料理店に行くと、面白い光景が見られます。

フランスにもあちこちに中国料理の店がありますが、料理をつくっているのは中国人やベトナム人でも、お客さんの大半はフランス人です。そのためサービスのスタイルもフランス化していて、料理が出てくるのは時系列です。

つまり、注文したいくつかの料理が同時に運ばれてくる、あるいは、運ばれてくるタイミングには多少の時間差があっても、つねにテーブルの上には複数の皿が置かれている、という、私たちが知っている中国料理の出しかたとは違って、まったくフランス料理のスタイルと同じように、まず前菜かスープ、次にメインディッシュ、最後にデザート、と料理が順番に運ばれてくるのです。当然メニューもそうなっていて、前菜から一皿、肉か魚を一皿、というように、料理はそれぞれのブロックから選んで注文します。しかも、どの料理も原則として一人前。

さて、フランス人の夫婦が店に入ってきました。案内されて席に着き、メニューを見て注文します。ご主人は、前菜にエビのサラダ。奥さんはタマゴのスープにしました。メインディッシュは、夫が焼き豚で妻が鶏のから揚げ。それに、それぞれ白いごはんを一杯ずつ。デザートはメインディッシュを食べ終わったあとで注文するのがフランスの慣わしですから、料理が決まったら飲みものを注文し、あとは紙ナプキンを膝《ひざ》の上に広げて、皿が運ばれてくるのを待つばかり。見たところ、かなり手馴《てな》れたようすです。中国料理はときどき食べにくるのでしょう。

ご主人は、中国人のギャルソンがもってきた青島《チンタオ》ビールの小瓶を飲みはじめました。

次いで、エビのサラダとタマゴのスープが運ばれてきます。奥さんのスープは白い碗に入って、散蓮華《ちりれんげ》が添えられています。ご主人は、象牙《ぞうげ》（プラスチックかな）の長い箸を器用に操ってサラダを食べはじめました。

なにやら話が弾んでいますが、話題は料理についてではないようです。

そのまま食事が進んで、メインディッシュの時間がきました。

焼き豚は、本格的なチャーシューです。ポール・ラケ（漆塗りの豚肉）と呼ばれる、艶《つや》やかな表面の照りがおいしそうな、フランス人に人気の一品。奥さんのから揚げは、カリカリに揚がっていてこれもおいしそう。甘酸っぱいソースがかかっているようです。

でも、やっぱり、料理についてては論評しない。日本人なら、あら、あなたのポール・ラケおいしそうね、とか、おまえのから揚げはどうだ、とかなんとかいうところでしょう。でもフランス人はいいません。もちろん、少し味見するかい、とか、私にもちょこっとくださいな、などとは死んでもいわない。

焼き豚は、楕円形のやや大きな皿に盛られていて、そこから食べる分だけ自分の小皿に取って食べるようになっているのです。から揚げも八角形の脚つきの皿に盛られていて、そこから自分の小皿に取り分ける。それなら自分の皿から直接やりとりするのではないのだから、不潔なわけでも、テリトリーを侵されるわけでもないでしょうに。

一人前といっても、焼き豚も、から揚げも、一度に食べる量が少ないと満足しないフランス人向きの盛りつけですから、そこそこの分量があります。それを、淡々と、同じペースで、飽きもせずに、最後までひとりで食べるのです。

そのときもし私たち日本人が隣の席に座っていたとしたら、ねえ、半分ずつ分けて食べたらどうですか、中国料理なんだから、と、余計なおせっかいをしたくなるのではないでしょうか。

しかし、フランス人にとっては、夫婦といえども自分の皿の上にある料理を決してたがいに分け与えないのは、疑う余地もない共通の了解事項なのです。

中国人はフランス料理がなぜ嫌いか

中国料理といえば、フランス料理とともに世界を二分する一方の旗頭です。中国人の食べることに対する情熱や、料理についての関心も、決してフランス人に負けるものではありません。しかも、いま飛ぶ鳥を落とす勢いの中国では、いわゆる富裕層ないし中間層といわれる豊かな人たちがどんどん増えて、外国料理に対する関心も以前とは比較にならないほど高まっています。が、首都である北京でも、北京よりもさらにファッショナブルな上海でも、フランス料理はそれほど人気がありません。

それをいえば、フランスには中国料理店がいっぱいあるといっても、そのほとんどが値段の安い、古くからフランスのスタイルに同化した店ばかり。本格的な現代の中国料理を中国式にサービスするレストランはいまのところ皆無といっていいのですから、東西の両横綱はそもそも犬猿の仲なのかもしれません。が、最近中国に行く機会があったので、フランス料理をどう思うか、北京と上海で若い人たちに意見を聞いてみました。

インタビューをしたのは、三十代を中心とした、キャリアをもつ女性やメディアの関係者など、経済的にも余裕があって流行にも敏感な、いわば現代中国のトレンドセッターとでもいうべき人たちです。

彼らは（といっても大半は女性でしたが）、フランス料理は嫌いではない、といいます。みんなフランス料理のレストランには行ったことがあり、とくに上海では中国料理の要素を取り入れたフュージョン系の現代フレンチのレストランもあって、雰囲気のある店はカップルで賑《にぎ》わってもいるのです。

が、デートでフレンチへ行くか、と聞くと、男性の一人は、うん、行くよ、と答えましたが、女性の多くは、あまり行きたくない、と答えました。とくに（上海と比較すると保守的な）北京の女性たちは、ほぼ全員が、行きたくない、というのです。

「だって、二人で黙って向かい合うみたいな、辛気臭《しんきくさ》い食べかたは嫌なんだもの」

中国人は、大勢で大きな食卓を囲んで、わいわい騒ぎながら食事をします。だから中国では、中国料理の店はもちろん、最近進出が著しい日本料理の店も、どこも大きな面積の店ばかりです。広い店内に、大きなテーブルがいくつも並んでいる。二人用の小さなテーブルは、見つけるのが難しい。どの客も、大人数で来るからです。

「フランス料理は、食べたいときは家でつくるわ。大勢でいっしょに食べるのよ」

……って、デートのときでも？

「そうよ、二人の友だちをたくさん招《よ》んで、みんなで食べるの」

それって、デートじゃなくて、合コンじゃないですか。

日本でも中国料理の店では、メニューを見ると大皿と中皿しかなく、小皿があればもっとあれこれ食べられるのに、と思うことがしばしばありますが、中国では有無をいわせず大皿です。そもそも、二人や三人で食べるほうが例外的で、少なくとも六人、ふつうは八人から十人が集まってひとつの食卓を囲むのが慣わしですから、はじめから小皿料理は存在する意味がないのです。

いうまでもなく、中国でも二人でデートをすることはあります。私もいろいろな店で目撃しました。が、二人で中国料理の店に行った場合でも、大皿の料理をたくさん注文するのです。もちろん食べ切れませんから残すのですが、もったいないとは思わないらしく、ドギーバッグに入れて持ち帰ろうともしません。とくにデートの場合はそんなことをしてケチ臭いと思われるのが嫌だからかもしれませんが、テーブルの上にふんだんに料理が出ていないと不満を感じる、食べきれないほどの料理が載っていてはじめて満足する、という感覚が、中国人にはあるのでしょう。

そこのところを質問すると、こういう答が返ってきました。

「そうね。だいたい、料理を一皿一皿もってくるなんて、待ちきれないわ」

やっぱり、そこに問題があったようです。中国料理の店では、注文した料理が次々に運ばれてきて、テーブルの上にいくつもの皿が並びます。一皿を食べ終わらないと次の皿をもってこない、フランス料理のやりかたには馴染《なじ》めないのでしょう。

中国人が会食をするようすを見ていると、料理が大皿に盛られて出てくると、中の一人が立ち上がって、自分の箸で料理をつまんで他人の皿に取り分けたりしています。それも全員に分配する。いますぐ食べたいと思っていない料理を突然取り分けられても困ると思うのですが、配るほうも配られるほうも気にしていないようすです。

日本人の相互交換味見方式とは少し違うものの、同じように平然として取り分けをおこなう中国人は、料理が載った皿は自分だけのテリトリーであり、自分のテリトリーは侵されたくないしそのかわり他人のテリトリーも侵さない、というフランス人とは違っていて、むしろ、他人の皿は自分の皿……と思っているのかもしれません。

フランスでも、家族や友人が大勢集まって食事をするような場合、大皿に盛られた料理を一家の主人がみんなの皿に切り分ける、というやりかたがありますが、他人の皿に順々に料理を箸でつまんで配りまくる中国人の場合、円卓についた人の中でいちばん偉い人がそれをやるとは限りません。むしろ偉い人は手を出さず、世話人のような人が、鍋奉行のように差配することが多いようです。そういう席に参加すると、誰がどういう立場なのかこちらはよくわかりませんから、隣の知らないおっさんが突然立ち上がって肉片を私の皿に放り込んだりすると、なにが起こったのかよく事情がつかめません。しかも、中国には日本のような取り箸の習慣がないので、おっさんは自分の皿の料理を食べている途中で新しい料理が出てくると、またその箸を使ってみんなに次の肉片を配るのです。これは……どんなもんでしょうか。

私の質問に答えた女性は、二人で黙って向かい合うようなフランス料理は嫌いだ、ともいいました。

中国人は、フランス人に負けないくらいおしゃべりです。食事をしながらでも、みんなかまわず大声でしゃべりまくり、大笑いして、乾杯を繰り返し、レストランの店内は大騒がし。でも、なぜかフランス料理を前にすると、デート中の男女に限らず、寡黙になってしまうようなのです。彼らもフランス料理に対してなんとなく敷居の高さを感じているのか、それとも、ライバルだけに意識が過剰になっているのでしょうか。

フランスのレストランでは、とくに気の置けないビストロのような店の場合、これまた全員が休みなくおしゃべりしながら食事をしています。こういう店では、二人用の小さな四角いテーブルが隣り合わせに並んでいてそのあいだにほとんど隙間《すきま》がないので、新しくやってきた客が壁際の席に座ろうとすると、食べている人が立ち上がって自分のテーブルを引いてあげないと入れない。そのくらいびっしり詰めて座るので、二人で向かい合っておしゃべりをすれば当然その会話は左右の隣人に筒抜けのはずですが、これもフランス人はまったく気にしません。そもそも隣人の会話には興味がなく、ただ、まわりの声にかき消されないように、自分たちが大きな声でしゃべることにのみ神経を使うのです。

大きな円卓を囲んであらゆる方向に言葉が行き交う中国と、ずらりと並んだ小さな四角いテーブルで向かい合った二人が会話に熱中するフランスとは、似ているようで、どこかが決定的に違うようです。

日本人の「いっしょ食い」

私が、いま気になっているのは、「いっしょ食い」の問題です。

あるとき、なにげなくテレビをつけたら、あるソムリエの男性が、ワインが注がれたグラスを手にして話をしていました。どうやら、実際にテイスティングをしながら、ワインと食べものとの相性について説明しているようです。

ソムリエ氏は、何種類かのワインを料理とともに目の前に並べて、それぞれのワインがどの料理に合うか合わないかを論評しています。が、そのとき驚いたのは、彼が料理を口に入れたままワインを口に含んでいたことでした。

料理を一口、口に入れ、もぐもぐ食べながら、ワインを少し口に含む。そして、しばらくしてから、コメントをいうのです。私は、なんだか見てはいけないものを見たような、不思議な感慨に捉われました。

フランスでは、ワインは料理やパンを食べ終わったあとか、食べはじめる前に飲むもので、口の中に食べものが入っている最中にワインを口中に注ぐことはありません。

肉料理を食べているとき、ワインが飲みたくなったら、まず口の中にある肉片を咀嚼《そしやく》してから呑み込み、それからパンの一切れでも食べて口の中をさっぱりさせてから、ワイングラスに手を伸ばすのです。肉片のあとにかならずパン切れを食べなければならないというわけではありませんが、とにかく、咀嚼中の口の中にワインを流し込むということはあり得ません。ワインと料理の相性、というのは、口中でワインが直接その食物に接触したときに生じる感覚をいうのではなく、その食物を咀嚼し、嚥下《えんか》したあとに残る舌の上の感覚に、そのワインがどうフィットするか、ということなのです。

チーズを食べながらワインを飲むと、食べたチーズもよりおいしく感じるし、飲んだワインもよりおいしく感じられることは、多くの人が経験することだと思います。このときは、チーズを食べ終わったらワインを飲み、ワインを飲み終わったらまたチーズを食べるので、どちらが先でどちらが後ということはありませんが、口の中でチーズとワインが接触している「チーズのワイン漬け」の状態がおいしいわけではないことは、いうまでもないでしょう。

フランスでは、食べものを口の中に入れたままワインを飲むのは無作法なこととされています。レストランで注文したワインをテイスティングするときに、少量のワインが注がれたグラスをぐるぐると激しくまわしたり、ちょっと口に含んでからぶくぶくと音を立てて空気と混ぜながら吸ったりするのは、プロのソムリエが試飲の場でやるのならともかく一般の客がやるべきことではありませんが、まして、相性をたしかめるからといって、口の中に食べものを入れたままワインを含んでぶくぶくやりでもしたら、周囲の人の顰蹙《ひんしゅく》を買うことは間違いありません。

もちろん、スープは音を立てないで食べるのがマナー、ソバは音を立てて食べるのが作法、というような、文化の違いというものがありますから、フランスでそれをやったらマズイが、日本でなら許される……ということはあるかもしれません。なにしろ「いっしょ食い」は、日本人が世界に誇る特技なのですから。

日本人は、たとえば佃煮《つくだに》や梅干などをおかずにごはんを食べるとき、まず、白いごはんを口の中に放り込み、それをまだ呑み込まないうちに、佃煮や梅干を少しだけ口に入れます。そして、それらをいっしょに口の中で混ぜながら咀嚼します。そうすれば、単独で食べるには塩辛過ぎる佃煮や梅干は白いごはんと合わさることでちょうどよい塩分に中和されますし、単独で食べるにはやや塩味の足りない白いごはんは、佃煮や梅干の塩分でちょうどよい「塩梅《あんばい》」に調整されるのです。

この食べかたを、「口内調味」などと呼ぶ人もいるようですが、私は「いっしょ食い」

と呼んでいます。

口の中に入れた食物の咀嚼を途中で止めたまま、口を半開きにしておいてそのまま次の食物や液体を放り込むのは、けっこう微妙な運動神経を必要とする作業です。フランスでは食べものを口の中に入れたままワインを飲むことは無作法とされているといいましたが、無作法であろうとなかろうと、そもそも彼らには、そんな高等な技術を要する芸当はやれといわれてもできないのです。

「いっしょ食い」ができないのは、フランス人だけではありません。欧米人は、ほぼ例外なく、できないと断言してよいでしょう。

だから、アメリカ人は、白いごはんを食べるとき、かならず醬油《しょうゆ》をかけます。ピラフやチャーハンならよいが、味がついていない白いごはんはそのまま食べることができないからです。醬油のかわりに佃煮があれば、それをごはんに載せてから食べるでしょう。両者を別々に口の中に放り込むことはあり得ません。やってみろ、と強制しても、どうやったらいいのかわからずに、ただおろおろするばかりです。

フランス人はスシが大好きですが、どうやって食べるか知っていますか。

彼らはまず小皿に醤油をたっぷり入れ、そこにワサビを大量に溶かし込みます。その、緑黒い（としか表現のしようがない）不思議な流動体の上に、スシを置き、こんどはスシのネタの上に、ガリをまた大量に載せるのです。スシ、ガリ、ワサビ。いまではどれもフランス語として、誰もがよく知っている言葉です。下方からは緑黒い流動体がじわじわと白い米粒を浸潤しはじめ、上方からは甘酸っぱいガリの酢がたらたら垂れてきて、それはわずかのあいだに日本人にはとてもスシとは思えないような物体に変容していきますが、フランス人はその不可思議な物体を不器用な箸使いでさらに崩壊させせながら食べ、

「スシはスパイシーだから好き」

というのです。まったく、なにやってんだか。

拡散と集中の論理

日本の料理は、ごはんと味噌汁が出てくるまではすべて酒の肴である、ということは、第一時限でお話ししました。

酒の肴には、いろいろな種類の食べものが登場します。また、それらを盛る器も千差万別で、多様な形状の、多様な材質の容器が用いられることについても学びました。

このように、次から次へと目先の変わる料理、しかも、どれも盛りつけに工夫が凝らされていて、一目見た瞬間に、あ、きれい、とか、わ、かわいい、とか、思わず小さく叫んでしまうような料理が出てくると、そのつど、人間の感覚は拡散され、集中を阻害されます。それが、日本料理の狙《ねら》いです。

日本の料亭では、まず立派な設えの部屋に通され、季節の草花をさりげなくあしらった生け花や、名のある日本画家の描いた掛け軸、または禅僧がしたためた味のある書などを鑑賞します。それから見事に手入れが行き届いた庭を眺め、よい枝ぶりの松ですなあ、などといって植物や園芸に関する知識を示す。するとそこへ女将《おかみ》が挨拶に来て、その素晴らしい着物に目を奪われる。そうして一通りの儀式が済んで、いよいよ食事がはじまろうとすると、こんどはお料理を運んでくる若い女性の美しさに気を取られる……と、あちらこちらに感覚は拡散するばかりです。

お酒と料理のコースがはじまってからも、魯山人《ろさんじん》の器なんかが出てきた日には、落ち着いて食べているどころではありません。しかし、日本の場合、料理そのものだけでなく、料理の周辺に存在する、拡散する感覚の対象となるものすべてが、料理の料金に含まれているのです。

フランスのレストランでは、原則として、皿の上に載っているもの以外ではおカネを取ることができません。もちろんミシュランの三ツ星とかいう高級料亭のレベルになれば、建物の風格とか調度の豪華さとか、それなりの周辺要素が満たされる必要はありますが、たとえダイヤモンドの皿に載っていたとしても、ジャガイモ一個で一万円取るわけにはいかないのです。日本の料亭でも、大観の絵や魯山人の器が料金に入っているとはいいません。が、百万円もする器に載っているサトイモはさぞ高いだろうと、客も口には出さないがそう感じているはずです。

皿の上に載せるものだけで勝負しなければならない、となると、誰もがこれは高価なものだ、と納得するような食材を使う必要が出てきます。だから、高価な料理を出す店に行くと、どの料理にもやたらにトリュフが載っかっていたり、意味もなくキャビアが散らしてあったりするのです。

日本人は拡散をよろこび、フランス人は集中を求めます。

フランス人が日本料理屋で、何品もの酒の肴をおなかがいっぱいになるまで食べたあと、メインディッシュはいつ出てくるのだ、と叫んだのは、集中する対象がいつになってもあらわれないことに苛立《いらだ》ったからです。

フランス料理でも、前菜は感覚を拡散させるものと考えられます。

コースの最初に出てくるちょっとした小料理は、昔はオードブルと呼ばれたものです。オードブルは「作品の外側にあるもの」という意味で、本来の料理のコースには含まれない小さな「おつまみ」のようなものを指し、数品を一皿の上に並べて供する（オードブル・ヴァリエ＝さまざまに異なったオードブル）のがむしろ一般的でした。

それは空腹を満たすというよりは、指先でもつまめるような小さなかわいい料理をあれこれ眺めて楽しむもので、そうやってまず感覚を拡散ないし開放してやってから、彼らは本番のコースに向かって集中度を高めていくのです。

最近は、オードブルという言葉はあまり使われなくなり、同じような最初の小品のことを、アミューズ・ブーシュと呼ぶようになりました。アミューズ・ブーシュは「口を楽しませる（もの）」という意味で（日本では単に「アミューズ」と略していいますが、フランス人が省略したいいかたをするのは聞いたことがありません）、なにが出るかはメニューに記載しないのがふつうです。そのほうが、出てきたときにより大きなインパクトを与えられるからでしょう。

この頃は、アミューズ・ブーシュはその店の料理の第一印象を左右する、シェフの腕の見せどころ、とされていて、どの店もアイデアを凝らした一品を工夫します。

その結果、しだいに、一品だけでなく、次々に何品もメニューに記載されていない小さな前菜が出されるようになり、注文した料理がくる前におなかがいっぱいになってしまいそうなこともあります。

おまかせの小さな料理が、頼みもしないのに次々と出てくるわけですから、このやりかたは日本の小料理屋の方式と同じ、といえるかもしれません。メニューによる予備知識なしであらわれる複数の前菜皿によって食べ手の感覚を拡散させ続けるやりかたは、これまでのフランス料理にはなかったものです。

シェフの得意料理を、少量ずつおまかせで何皿も提供する「デギュスタシオン（お味見コース）」というやりかたも、高級レストランではあたりまえのようになりました。

まだこの方式が一般的でなかった二十年くらい前までは、そんな日本の小皿料理のようなものは流行《はや》るわけがない、フランス人は少ない皿数でも量がしっかりある料理を集中して食べないと満足しないのだ、といわれたものですが、いまは、少なくとも高級料理店を頻繁に食べ歩くような人びとのあいだでは、量は少なくてよいから発見や驚きがある料理が次々にあらわれる品数の多いコースを望む傾向が強く、その意味でもしだいに日本料理のスタイルに似てきています。

いま日本料理が世界的に大流行しているのは、これまで異端だと思われてきた（なによりも日本人自身がそう思ってきた）、ひたすら感覚を拡散することにのみ意を注ぐ日本料理の美学が、いまようやく飽食の段階に達した外国の高度情報社会の住人たちに、正しく理解されるようになった、ということなのかもしれません。

最近のフランス料理のコースでは、これまでフランス料理では使われることのなかった四角い皿、円周にぐるりと模様がある皿ではなく非対称の模様が自由に描かれている皿、陶磁器でなくガラスや金属の皿、大きさや形状が極端に異なった皿などが、組み合わされて使われるようになってきました。

かつての西洋料理の食器は、同じ色合いで同じ模様の、複数のサイズの皿や鉢がひとまとまりになった、いわゆるフルセット、と称される一式でした。出てくる皿がどれも統一された様式で、色や絵柄も同じパターンが繰り返しあらわれるフルセットの食器は、感覚を集中させるための仕掛けです。

それがいまは、フランスでいちばん人気があるのは日本的なミニマムデザインの白い皿や四角い皿や非対称の皿で、そういうスタイルの皿のことを、彼らは「ZENスタイル」と呼んでいます。

「ばっかり食い」の世代

世界が日本に近づき、日本が世界に近づくのは現代ネット社会の習《なら》いとはいえ、私も最近知ったことですが、近頃の日本の若者は「いっしょ食い」ができないらしい。

実は、「いっしょ食い」ができるかできないかについては、本人には自覚がないのがふつうです。だから、若い頃から無意識のうちに「いっしょ食い」をしている人でも、あらためて聞かれると、さあ、そんなことしていたかなあと、要領を得ない表情になることがよくあります。

中国人にも聞いたことがありますが、多くの場合、いや、そんなことはしないよ、と答えたあと、でも、待てよ、ひょっとするとそれに近いことをやっているかもしれない、と答が揺らぎます。

実際の時間の流れの中で、何秒くらい複数の異なる咀嚼物が口中に同居しているか、厳密に計ることは不可能ですし、計っても意味はありません。「いっしょ食い」は、どういうコメをどのように食べるかによってそうした咀嚼法を採用する必要があるか否かが決まってくるという、コメの食べかたの問題なのです。

日本以外のアジアの多くの地域では、粘り気の少ない長粒米を炊き、それに汁をかけるか、煮汁にまぶすかして食べることが多いようです。インドではカレーをかけて食べますし、そのまま食べるときはヨーグルトに混ぜて食べたりします。タイ米も、それだけで食べるとパサパサして食べにくいものですが、なんらかの汁をかけるととてもおいしくなります。もちろんごはんをおかずと別に食べることもあり、そのときは口の中で両者が共存する時間的重なりが生じるのは当然ですが、中国では、わざわざごはんを嚙まずにいるところへおかずを放り込む「いっしょ食い」をするくらいなら、おかずをごはんの上に載せて、両方をいっしょにしてから食べるほうを選ぶのではないでしょうか。

最近の「いっしょ食い」のできない日本の若者は、しだいに世界標準に近づいてきているのかもしれません。彼らが、白いごはんをそのまま食べるより「ふりかけ」をかけて食べるほうを好むのは、その端的なあらわれであると私は考えています。

いずれにしても、かつては塩辛い少量のおかずでたくさんのごはんを食べるのが日本人の伝統的な食生活だったのに、経済の発展とともに主食を食べる量が減って、副食の摂取量が飛躍的に増えたため、「いっしょ食い」をする必要がなくなった、ということもできるかもしれません。だとすれば、団塊の世代とそのすぐ下あたりまでの年齢層が、日本最後の「いっしょ食い」世代、ということになるのでしょうか。

さらに私が注目しているのは、「いっしょ食い」どころか、最近の若い人たちには、ごはんとおかずを別々に食べる、あるいは、複数のおかずを、単品ごとに別々に食べる傾向があるらしい、ということです。

複数の皿を卓上に並べ、どれを先に食べなにを次に食べるかという順序を気にせず、どの皿の料理も完食しないままあちこちに気の向くまま箸を出して少しずつ食べていく……というのが日本人の食べかただったはずなのに、最近、私がたまたま観察する機会があった二十歳前後の何人かの若者は、一人前の皿にたとえばサラダが出ていればまずサラダだけを全部食べ、次に和え物があれば和え物だけを全部食べ、それからおもむろに肉料理に取りかかる……というように、皿ごとに完食していく食べかたをするのでした。最後にごはんが残ったら、ふりかけをかけて食べる。

不思議に思って聞いてみたのですが、誰に教わったわけでもないというのです。

また、家族の全員がそのような食べかたをするわけでもない。自分だけが自然にそうするようになった。でも、学校の仲間には、同じような「ばっかり食い」をする者が多い、というのです。

将来の日本人は、フランス人と同じように機内食を「ばっかり食い」するようになるのでしょうか。その頃には逆に、日本文化にかぶれたフランス人が、「いっしょ食い」のテクニックをマスターしているのでしょうか。

ふだん、私たちは、実際にどう口を動かしてものを食べているのか、いちいち考えたりはしないものです。

こんど食事をするときには、自分で自分を観察してみてください。

「いっしょ食い」が、できるか、できないか。できるけれども最近はしていない、という人もいるかもしれませんが、塩辛いおかずと白いごはんを用意して、実際にやってみてください。梅干や佃煮と、白いごはんと、最初にどちらを口に入れるかも、きっと人によって違うと思います。

家族や、友人や、街の食堂やファミレスで見かけた人の食べかたも、ひそかに観察してみましょう。誰か、自分のまわりに、「ばっかり食い」をする若者はいないだろうか。

すでに一部では調査がおこなわれているとも聞きますが、私がこの現象に気づいたのは最近のことなので、まだ十分に納得できるほどのデータが集まっていません。もし「ばっかり食い」の実例を見つけたら、ぜひ私に報告してください。

第三時限　食の進化

それにしても、近年の中国経済の発展ぶりには驚かされます。二〇〇九年から一〇年にかけて、北京、上海、大連、成都などを続けて訪問する機会があり、その急速な富裕化の実態に接して吃驚しました。

北京には、十年くらい前まではよく行っていたのですが、その頃はまだ無数の自転車が街路を埋め尽くしていました。それがひさしぶりに訪ねてみたら、環状道路が三重にも四重にもめぐらされて都市部が飛躍的に拡大し、現代的な建築群を縫ってピカピカの新車が走りまわっているのです。

私が最初に中国に行ったのは三十年以上も前のことで、その頃はまだみんな人民服を着て人民公社で働いていたのですから、月日の経つのは早いものです。

北京で流行る農家菜

最近、北京では「農家菜」というのが流行っていると聞き、早速行ってみることにしました。

農家菜というのは、直訳すれば、農家料理。北京の郊外には農村レストランがたくさんできていて、週末ともなると、鄙《ひな》びた田舎の味を求めて都心から大勢の人が出かけていくのだそうです。

土曜日の朝、郊外へ向かう道路は早くから渋滞していました。

それでも、一時間ほど走ると、田園風景が見えてきます。見渡す限りの畑と、点在する農家。農村レストランといっても、もともとそこらへんにあった農家が自宅の一部を改造してはじめたものですから、「農家菜」と書いた看板に気づかなければそのまま通り過ぎてしまいそうです。しばらく走って、遠くに万里の長城を望む景色のよい川のほとりに出たので、ちょうどそこに看板が出ていた一軒の農家に入ることにしました。

まだ早い時間だったので、ほかに客の姿は見当たらず、その農家の人たちが庭のテラスで早お昼を食べていました。ちょっとのぞかせてもらうと、キュウリの漬物、ナスの炒めもの、ニンジンの煮つけ、インゲン豆の揚げもの……ほとんどが野菜ばかりのおかずでした。どれも自分の家の畑で収穫したもので、お客さんに出すのも同じものだそうです。その素朴さが、都会から遊びに来る人たちの心を癒《いや》すのでしょう。

時間が余ったので裏庭のほうを歩かせてもらうと、ニジマスを飼っている水槽がありました。体表が金色に光る「金鱒《ます》」という種類ですが、中国人は金色を好むため、わざわざニジマスを改良してそういう品種をつくったのだそうです。野菜のほかには、金鱒の焼きものや揚げものがメニューに載せられています。

それにしても、ついこのあいだまで農家だった人たちが……といっては失礼ですが、つまり新しい富裕層とか中間層とかいわれる人たちが金ピカの新車で都心からドライブしてきて、ああ、田舎はいいね、癒されるね、というのですから、どこの国でも同じような現象が時間差で登場するものだと感心しました。

そのうちに、大きなバスが到着して、どやどやと団体客が降りてきました。どうやら、農家菜を食べて周辺を観光したあと、今夜はここに泊まるらしい。よく見ると庭に面した建物が小さな部屋に仕切られていて、宿泊もできるようになっています。最近改造したようすですが、でもこの人数では到底部屋数が足りないな、と思っていたら、六畳もない小さな部屋に十人くらいで寝るといっています。割り勘にすれば、部屋代は相当安くつきそうな旅行です。

団体客があんまり楽しそうに騒いでいるので、同窓会か、社員旅行か、どういう団体かと通訳の人に聞いてもらうと、インターネットで募集して集まった、たがいに知らない人たちの団体だそうです。それにしては年配の人も多いし、みんな旧知の人のように談笑している。日本人では、こうはいかないでしょう。それは、新しいものに臆《おく》せず飛びつく、中国人のバイタリティーを見せつけられたような光景でした。

私たちが食べた農家菜は、とくにおいしいというものではありませんでしたが、中国人のお客さんたちには、新鮮な野菜がいっぱい食べられると好評のようでした。それだけ、都会では野菜を食べなくなってきているのでしょうか。富裕層には高価な有機無農薬野菜がよく売れるそうですから、そのあたりの事情はもう日本とほとんど変わりなくなってきているのでしょう。

現代の中国には、「三少」という言葉があるそうです。

脂が少ない、塩が少ない、砂糖が少ない（または、コレステロールが少ない、など三つめの「少」については諸説あり）……。そういう食事が、健康的な食事だというのです。フランスでもいまから四十年くらい前に「ヌーベル・キュイジーヌ（新しい料理）」という言葉がさかんに唱えられ、おなかに重い古めかしい料理より、素材の味を生かした軽やかな料理を、というレストラン料理の革新運動が起こりました。あらゆる面で先進国がかつて遭遇した状況に急速に近づいている中国では、食の進化も急ピッチで進行しています。

温泉宿の刺身

日本の場合、山の中の温泉でも、黒いマグロの刺身が出る旅館はだいぶ少なくなりました。ひと昔前までは、どんな山奥へ行っても、黒く変色した古いマグロの刺身が出てきたものです。

都会から癒しを求めて田舎へ出かけていく人は、山奥へ行ってまでマグロの刺身を食べたいとは思いません。緑豊かな山の宿なら、野草や山菜のほうがよほどご馳走です。魚なら、清流に棲《す》む、アユ、ヤマメ、イワナ……金色のマスはいなくても、日本の川には魅力的な川魚がたくさん泳いでいます。

しかし、日本人が山奥の温泉宿に山菜と川魚を求めるようになったのは、そう古いことではないのです。

群馬県に、磯部《いそべ》温泉という温泉があります。いわゆる温泉マーク発祥の地として、また舌切り雀《すずめ》の話が生まれた郷としても知られる温泉ですが、上州はもともと養蚕が盛んだったので、秋の稲刈りが終わると、このあたりの農家の人は骨休めに磯部温泉に出かけた、という話を聞いたことがあります。それも、ご主人たちが奥さんに、おまえ、温泉にでも行ってきたらどうだい、と勧めて行かせたというのですから、上州にはずいぶん優しい男性が多かった……のかと思うと、そうでもないらしい。

実は、農閑期に入るとこのあたりの農家では絹糸を紡ぐ仕事が待っていて、そのために女性たちを温泉に行かせたというのです。農作業でささくれだった手のままでは、糸が指先に引っかかる。そんなことで大事な商売物を無駄にしてはいけないので、温泉に入って手指を滑らかにしてきなさい……。

実は優しそうに見えてその裏には妻を働かせようという魂胆が……という、この話には落ちがあるのですが、男性側からいわせてもらえば、これもまた妻に対する感謝を素直に口にすることができない日本の男たちの、屈折した愛情表現だったのかもしれません。

磯部温泉に限らず、かつて日本の温泉には、農閑期を迎えた農家の人たちが一年の疲れを癒しに出かけたものでした。絹糸は紡がなくても、農家には家の中でやらなければならない冬の仕事があれこれ残っています。だから、どの地域でも温泉での滞在は次の仕事のための準備という意味があったのですが、それでも収穫のあとのひとときは心から楽しく過ごせる束の間の極楽でした。

そもそも、秋が観光シーズンだというのは、単に、気候がいいから、ではありません。稲刈りが終わったあとの何日間かが、一年のうちで農家がゆっくり過ごせる数少ない時期のひとつだからです。

私が東京から信州に引っ越したとき、田舎には「死ぬなら十月なか十日」という言葉があると聞いて、初めてこのことに気づきました。田植えや稲刈りで忙しい時期に死ぬと、葬式を出してもゆっくり弔ってもらえない。十月の中旬、十日から二十日にかけての「中十日」頃に死ねば、みんなヒマな時期だから、大勢の人が集まって故人をゆっくり偲《しの》んでくれる、という意味です。

日本の観光シーズンは、五月と十月です。田植えの前と、稲刈りのあと。稲が順調に成長して、ちょっと世話がラクになる時期が、お盆です。日本では、あらゆる行事や活動が稲作のカレンダーにしたがっておこなわれてきました。

農家の人たちがたまの休みに温泉に出かけて、求めるものはなんでしょうか。温泉に浸かってああ極楽だと夕餉《ゆうげ》の膳《ぜん》に向かったとき、日頃から食べなれている野草や山菜が出てきてもうれしくないでしょう。湯治に来て自炊をするならともかく、上げ膳据え膳の贅沢をしに来たのなら、刺身のひとつも出ないことには……。

そこで旅館は、海の魚を用意するのです。川魚では珍しくありません。いまでも信州のスーパーでは大晦日《おおみそか》になると刺身の盛り合わせが山のように売り出されますが、山国ではなにをさておいてもご馳走は海の魚なのです。古くなって黒ずんできたマグロでも、ふだん新鮮なマグロを見たことのない客は気にしないでしょう。

山間《やまあい》の温泉に極楽を求めて出かける客にも黒いマグロを要求する素地はありましたが、黒くてもマグロを出さなければ、という温泉旅館側の思い込みも、長いあいだ旅館料理を旧態依然のままにしてきました。

私たちは、昔ながらの旅館の、数え切れないほど多くの皿が膳にのぼる一見豪華な夕食風景を見ると、もっと皿数は少なくていいから、実質的に食べられるものがほしい……と思いますが、それでも、ちょっと皿数を減らすと「皿数が少ない」と文句をいう客がかならずいるのです。黒いマグロはもう止めよう、と何度も思っても、山菜と川魚の膳を「こんなもん食えるか」といってひっくり返す客がいるかもしれない……と思うと、サービス業の旅館としてはなかなかビジネスモデルを変える決心がつかないものです。

山の温泉に行く客が、はっきりとマグロより山菜を求めるようになったのは、高度成長期の前後、都市部に暮らす総人口が、田舎に暮らす総人口を上回るようになった頃からではないか、と私は考えています。

その頃から、農村社会的な感覚に支えられてきた日本の観光業が、都市部の人口を対象とする方向に、大きく舵《かじ》を切りはじめたのではないでしょうか。また、都市部の人口そのものも、その頃から、やっぱりご馳走はマグロだ、という農村社会的な感性から、少しずつ脱却しはじめたのかもしれません。

昨今、日本の温泉旅館の現代化には目を見張るものがあります。

部屋も、お風呂も、サービスも、もちろん食事も格段の進歩を遂げました。もう、畳の部屋でバリ風のエステを受けても誰も驚かなくなりました。

変革のできない旅館は淘汰《とうた》され、農民のための宴会のような夕食メニューは姿を消しつつあります。

山の温泉なら、売りものは山菜、野草。昔は塩漬けにするしかなかったのに、いまは冷凍するので減塩ができ、健康的です。地元で採れた新鮮野菜も大人気。野菜がご馳走になるなんて、野菜しか食べるものがなかった昔の農家には想像すらできませんでした。でも野菜がご馳走といいながら、地元産の黒毛和牛を添えないと客は満足しませんが。

川魚は主人が釣ってくるし、キノコは裏山で採ってきます。それが大変なら、急速冷凍庫を買えば川魚の鮮度は保てますし、泥や落ち葉を掃除しなくてよい工場で栽培されたキノコが一年中出回っていて、都会の客には天然ものと区別がつきません。

自然、健康、地産地消。いくつかのキーワードを押さえた、新しい温泉旅館が全国各地に続々と登場しています。同じような新しい旅館が林立したあと、どれがホンモノでどれがキワモノかはお客さんが見極めることですが、もし、いまでも「黒マグロ」スタイルのビジネスモデルを維持している旧態依然の旅館があったら、もう少し我慢して、さらなる時代の変化を待ったほうがいいかもしれません。

そうすればいつか、いまは絶滅した懐かしい「旅館遺産」として、ふたたび脚光を浴びる日が来ないとも限りませんから。

モンローとマドンナ

中国をはじめとする世界の新興国では、家に固定電話がつく前にみんなが携帯電話をもつようになり、フィルムカメラを使うより先にデジカメをもつようになりました。

千年に及ぶ歴史を物語る北京の古い街並はあっというまに取り壊され、農村風景はもの凄いスピードで都心から遠く離れ去っていきました。

古都北京のシティーボーイやシティーガールたちが、新しいクルマを手に入れたと思ったらすぐに「農家菜」を求めて郊外にドライブしはじめたのは、中国の経済と社会の全体が「黒マグロ」の段階を一挙にすっ飛ばしてしまったことを意味しています。中国の新興富裕層といわれる人たちは、「農村的な農村人」から、「農村的な都会人」の段階を経ることなく、「都会的な都会人」に進化するのでしょうか。

貧しさの象徴が豊かさの表現に変換されるためには、飢えの記憶が風化される必要があります。

野菜しか食べるものがなかった時代には、野菜は貧しさの象徴でした。いまでは野菜を食べることが豊かさの表現になっていますが、そこに至るまでに、私たちは贅沢な飽食の時代を通り過ぎる必要がありました。

塩干魚介と玄米雑穀の食卓を心から贅沢だと感じることができるのは、新鮮な刺身と白米を嫌ほど食べたことのある人たちです。飢えの記憶が十分に風化していなければ、貧しい食事に懐かしさを感じることはできません。

日本民俗学の父である柳田國男は、その著書『明治大正史 世相篇』の中で、次のように書いています。

「明治以降の日本の食物は、ほぼ三つの著しい傾向を示していることは争えない。その一つは温かいものの多くなったこと、二つには柔らかいものの好まるるようになったこと、その三にはすなわち何人も心付くように、概して食うものの甘くなってきたことである」

つまり、人びとは、社会が近代化するにつれて、「温かいもの・柔らかいもの・甘いもの」を好むようになる、というのです。

さすがに鋭い見方で、そういわれてみると、この現象はなにも日本に限ったことではなく、世界中のあらゆる地域で見られることに気づきます。

「温かいもの・柔らかいもの・甘いもの」……この三つに「白いもの」を加えるといっそう明白になると思うので、私はまとめて「白柔温甘」と呼んでいるのですが、世界中のどの地域においても、食べものだけでなく生活のあらゆる局面において、これらの四つの要素が満たされるようになることこそが「近代化」といわれる現象にほかならない、ということができるのではないでしょうか。

人間は、昔から、白いもの、柔らかいもの、温かいもの、甘いもの……「白柔温甘」を求めてきました。
粗い粉でつくった硬い黒パンより、精製された粉の白くて柔らかいパンを。硬く冷たい寝床より、ふわふわと柔らかく温かいベッドを。黒く汚れてゴワゴワした硬い布より、白く清潔で肌に優しい柔らかな服を。甘いものが手に入るようになれば、こんどは黒い粗糖より白く精製された白砂糖を求めるようになるのです。

しかし、この柳田國男の指摘から、すでに百年という時間が経過しました。ちょうど百年くらい前から世界中に発信されるようになり、日本でも戦後の貧しい時代に圧倒的な憧れの対象となったアメリカ式のライフスタイルは、まさしく「白柔温甘」そのものでした。白い大きな家に住み、柔らかくて温かい服に身を包み、ホームメードの甘いパイを囲んでパーティーを楽しむアメリカの家庭のようすが目に浮かびます。

しかし、いまのアメリカ社会では、柔らかな白い肌で甘くささやくマリリン・モンローは、すでに郷愁の対象となってしまいました。モンローのあとを継いだのは、引き締まった硬い筋肉のマドンナであり、強そうで甘くないヒラリー・クリントンだったのです。最近ではさらにその先に、硬く辛く厳しいだけでなく、少なくとも表面的には柔らかな甘さも感じさせる複雑なブレンドが求められるようになっており、そのトレンドを体現しようとする人気女優たちが次代のシンボル候補に名乗りを上げていますが、昔のような、ただ甘いだけの、白いだけの、内に秘めた強さや硬さや厳しさをはっきりと感じさせないものは、それ自体も、またそれを求める人も、時代遅れ、と判定されるようになっています。

いずれにしても、飽食の時代がひとつの頂点に達して折り返すと、それまでは貧しさの象徴であったものが豊かさの表現に変換され、豊かさの象徴であったものが時代遅れの烙《らく》印《いん》を押されます。

アメリカのホテルで朝食を注文するときに、パンはホワイトブレッドがいいかブラウンブレッドがいいか、と聞かれて、ホワイト、と答えるには少し勇気が要るものです。いまどき白いパンを食うやつは時代遅れだ、と、まさかその場でボーイからいわれることはありませんが、ひょっとしたら内心そう思われているのではないか……という疑念がチラッと脳裏をかすめます。

健康に注意してカロリーを制限し、つねに栄養のバランスを考えた食事を摂り、ジョギングを欠かさず、あるいはジムに通ってからだを鍛えているような、知的な職業について いて収入も多い人は、ホワイトブレッドを食べません。

最新の技術を駆使して世界の情報に通じ、地球環境を考えてエコカーに乗る、あるいは日常に自転車を愛用するなど、エコロジカルな意識の高い、現代の先端を行くと目されるライフスタイルをもつ人も、ホワイトブレッドを食べません。

ホテルの朝食で白いパンを選ぶ人は、貧しい頃からずっと白いパンを求めてきて、いまようやく白いパンを食べられるようになったことに満足している人たちなのです。

一足先に白いもの柔らかいもの温かいもの甘いものを手に入れて、それらをさんざん満喫して豊かさの果実を貪《むさぼ》った人たちは、ある日、飽食はかならずしも豊かさの頂点ではない、と気づき、白いものから黒いものへ、柔らかいものから硬いものへ、温かいものから冷たいものへ、甘いものから甘くないものへと、求めるものを逆転させるのです。

柔らかい白いパンに、バターをたっぷり塗って食べるのはおいしいものです。

全粒粉でできた、ふすまが入っているので少し黒っぽい、ボソボソしたブラウンブレッドに、からだにいい植物性のマーガリンをちょっぴり塗って食べるのと、どちらがおいしいでしょうか。

どちらが実際においしいかは、較《くら》べても意味のないことです。

黒いパン、硬い生野菜のサラダに、冷たいミネラルウォーター。いまは黒くて硬くて冷たいもののほうが、時代の気分に合うのです。その時代の気分に染まった人は、ホワイトブレッドのような、からだに悪い、と決めつけたものは端からおいしいと感じず、黒くてボソボソしたブラウンブレッドのほうを、本当においしいと感じるのです。

日本人は、どんなものを食べても、柔らかい、というのがホメ言葉になります。歯ごたえがあっておいしい、とは決していわない。せいぜい、食感がいい、歯ざわりがいい、というくらいで、それでもサクッと嚙み切れなければいけない。嚙むのに力がいるような、歯ごたえは求めません。

いくら、赤身の肉は脂肪が少なくて健康によい、柔らかくはないがかみしめると味がある、と力説しても、日本人は舌の上でとろけるような霜降り肉のほうを好みます。

ごはんにしても、玄米や雑穀がからだにいいとわかっていても、やっぱり白米に限る、という人のほうが、経済力や教育程度にかかわらず、多いのではないかと思います。

また日本の男性は、強くて歯ごたえのある自立した女性より、甘く優しい母親のような女性像を求める傾向がいまだに強いようです。その意味で日本人はまだ「白柔温甘」の呪縛から完全には解き放たれていないのかもしれませんが、それでも最近は、黒ゴマ、黒糖、黒ウーロン（？）……なんでも黒いものが流行っているところを見ると、私たちも遅ればせながら世界の背中を追いかけはじめたのかもしれません。

フォワグラとソーテルヌ

飢えの時代には、カロリーの高いものをおいしいと感じます。

人類は長いあいだ飢えてきたので、その頃のＤＮＡが私たちにはいまだに受け継がれていて、いったん取り込んだ栄養はすぐに脂肪に変えて貯え、なかなか手放そうとしないのだといわれています。

だから飽食の時代を迎えてしまった私たちは肥満に悩み、ダイエットをしたり有酸素運動をしたりして少しでも体重を減らそうと努力するのですが、摂取するカロリーが減れば減るほど、また放出するエネルギーが増えれば増えるほど、からだは瘦《や》せまいとしていっそう自己防衛するのですから、うまくいくわけがありません。

もし飽食の時代が長く続いて、体内にその時代に適応したＤＮＡが形成されるようになれば、私たちのからだは過剰な栄養やカロリーの侵入を防ぐ反応を示すようになり、ダイエットの成功率は高くなるはずですが、それでは再び飢えの時代がやってきたときに悲惨な結末を迎えるでしょう。いまでも飽食の状況を享受しているのは日本を含めて世界のごく一部であり、地球上の多くの地域はいまだに飢えの脅威にさらされているのですから、昔のＤＮＡは大切にとっておいたほうがいいのかもしれません。

ヨーロッパでは、冬を迎える時期に豚を解体して保存食をつくることについてはすでにお話ししましたが、豚の各部位を塩をして風干ししたり、さらに燻製《くんせい》をするなどして、ハム、ソーセージ、ベーコンなどをつくるほかに、豚の脂身も大切に保存しました。

とくに大事なのは背中につく分厚い脂肪層で、量もまとまっていて質もよいので、背脂といっていまでも料理に利用されます。

豚の肋骨についたアバラ肉（バラ肉）のことを「三枚肉」と呼ぶのは、脂肪のあいだに赤身の肉が層になっているようすを表現したものですが、アバラから背中にかけての部位には、あいだに肉が混じったところと、肉が混じらない脂肪だけのところがあります。

私たちは脂肪と赤身肉が層をなした部分を燻製にした保存食品をベーコンと呼んでいますが、ベーコンBACONはもともと背中BACKの意味で、より背中に近い脂身だけのところも同様の保存食品にするのが慣わしでした。

フランス語でベーコンのことを、ラールLARDといいますが、この単語は英語読みにすれば「ラード」となります。つまり、豚の脂。昔は、脂肪のあいだに肉が入っているラールを「ラール・メグル（痩せたラード）」、肉が入っていない、脂肪だけのラールを「ラール・グラ（太ったラード）」と呼んで区別し、太ったラードのほうが痩せたラードより値段が高かったということです。

私はハンガリーの首都ブダペストの民宿で、脂身だけのラードを炒めたものを食べたことがあります。朝食のとき、民宿の主人に、ベーコン・エッグを食べるか、と英語で聞かれ、食べるというと、スクランブルド・エッグに添えられて出てきたのが脂身だけのベーコンでした。一センチ近くはあろうかと思われる分厚い豚の背脂が、フライパンで焼いたため少し痩せてはいましたが、それでも口の中に入れるとネチャネチャして嚙み切りにくいものでした。

脂肪は、一グラムで九キロカロリー。たんぱく質は、四キロカロリー。脂身は赤身肉の二倍以上のエネルギーをもっているのです。それだけ、少ない量で効率よくカロリーを摂取できるわけです。とにかく飢えていたその頃の人びとが、脂肪の塊を大切にした理由がわかるでしょう。

「甘い」が「うまい」であり、甘いものが無条件で人に受け入れられるのも、糖質は吸収が早く、食べるとすぐにカロリーになるからです。糖質とたんぱく質は同じ一グラム四キロカロリーですが、糖質のほうが即効性があります。口に入れるとそれほど時間を置かずにエネルギーが出てくる食べものは、つねにカロリーが足りない状態だった昔の人にはきわめてありがたいものでした。

しかし、甘いものは、古代から近世にいたるまで、人びとにとってはつねに高嶺《たかね》の花でした。

サトウキビは、インドの東海岸からニューギニアにかけての一帯を原産地とする熱帯の植物で、栽培ができるのはごく一部の地域に限られます。自然界ではほかに甘いものといえば果物か蜂蜜《はちみつ》くらいしかなかったので、飛び抜けて甘いサトウキビの砂糖は古くから垂《すい》涎《ぜん》の的として高値で取引されました。欧米の諸国に普及するのは、コロンブスの「アメリカ発見」を契機に西インド諸島で大量に生産されるようになってからのことです。実は、この西インド諸島におけるサトウキビ栽培と砂糖の生産こそがアメリカに奴隷制を定着させていくことになるのですが、南北戦争が終りを告げる頃からは、砂糖は産業革命によって近代化された工場で大量に生産されるようになり、価格も一般の消費者の手の届くレベルにまで下がっていきました。

精製された白い砂糖が出まわるようになると、それにすぐ飛びついたのは、産業革命によっていち早く工業立国を果たしたイギリスの労働者と、発展途上のアメリカで急増中の工場労働者でした。

昔は王侯貴族しか口にすることのできなかった贅沢な食べものが、近代に入ると大衆の口にまで入る食品になる。この構図はときに他の食べものにも当てはまりますが、砂糖ほど極端なケースはありません。王侯貴族の「甘い生活」の象徴が、労働者の「辛《つら》い生活」

を支えることになったのですから。

イギリスでは、一八五〇年以降は貧しい労働者たちが砂糖の最大の消費者となり、それとともにいまでも英国人の生活に欠かせない紅茶を飲む習慣が、都会から地方にまで急速に根づいていったといわれています。

産業革命は国の経済を飛躍的に発展させましたが、同時に厳しい労働に従事する貧しい労働者も増やしました。この時期、砂糖とともに肉類の消費も増えているのですが、肉は工場労働に駆り出される一家の主人である男性がエネルギー源として食べ、女や子供は砂糖の入った紅茶を飲んで腹を満たすことが多かったといわれています。

甘いものを食べることは、もはや贅沢ではなくなりました。砂糖をたっぷり溶かし込んだ紅茶を飲むことは、生活のために必要なエネルギーを補給するための、安価で手っ取り早い手段となったのです。もちろん、肉がない日には、男性も甘い紅茶をたくさん飲みました。でも、彼らはそれをいやいや飲んでいたわけではありません。甘くて、温かい……紅茶を飲めば元気が出ることを知り、だからこそ、その甘い紅茶を心からおいしいと思って飲んだに違いないのです。

アメリカでも事情は同じで、その頃から食べられるようになった精製された粉からつくられた白いパンに、同じく精製された白い砂糖を大量にぶち込んだジャムをたっぷりつけて食べることが、貧しい労働者たちのエネルギーを支え、同時に、彼らに「白くて甘い」近代的な生活の幸福感を与えもしたのでした。

脂っこいものと、甘いもの。このふたつは人びとが飢えに脅かされていた時代の最高のご馳走でした。

フォワグラというのは、鵞鳥《がちょう》や鴨《かも》にトウモロコシなどの餌《えさ》をたらふく食わせて……というより無理やり詰め込んで強制的に肥大させた肝臓のことで（「フォワ」は肝臓、「グラ」は太った）、このフォワグラのパテをソーテルヌという甘いワインとともに食べるのが、フランス料理における最高の贅沢とされてきました。

ちょっとでも熱を加えるとすぐに溶け出しそうな脂肪の塊と、まるで蜜のように甘いワイン、という最強のコンビは、舌の上でとろける脂肪肝が一グラムで九キロカロリー、唇でなめるソーテルヌが一ｃｃで四キロカロリー。あらゆる食材の中からカロリーが最大値になるように計算して選んだような組み合わせです。

たしかに、うまくつくられたフォワグラのパテと、ソーテルヌでも最高の銘柄といわれるシャトー・ディケムなどの組み合わせには、なるほどフランス料理の美味とはこういうものか、と納得させる説得力があります。

が、同時に、いまの私たちは、ちょっぴり罪悪感も感じてしまいます。こんなからだに悪そうなものは、食べてはいけないのではないだろうか……。

おいしいと感じるのは飢えた時代からのDNAであり、いけないと感じるのは飽食の時代の感性です。感性がDNAに勝てば、ダイエットは間違いなく成功するのですが。

味覚の進化論

時代によっておいしいと感じる味が変わるように、個人のレベルでも、年齢を重ねるとともに味覚は進化します。

子供は甘いものが好きです。

うまい、という言葉が「甘い」からきているといわれるように、甘さは万人が好む味覚であり、舌の上に甘みを感じると、誰もが安心感や満足感を抱くものです。赤ちゃんが甘いものを求めるのも、甘いものには毒がある可能性が少なく、また、体内に入るとすぐエネルギーになってくれることを本能的に知っているからでしょう。

甘さに対して、酸っぱい、という感覚は、それを心地よく感じるためには多少の経験が必要です。酸っぱいものを口にすると、誰でも一瞬、口をすぼめたり顔をゆがめたり、突然の意外な刺激に拒絶的な反応を示します。肉類が酸っぱければそれは腐敗している可能性を示しますし、果物が酸っぱいのは未熟のしるしです。つまり、酸っぱいということは、食べてはいけない、警戒しながら食べろ、という警告のシグナルなのです。

が、何度もさまざまなシチュエーションで酸味の刺激を受けることに慣れてくると、それが危険の兆候なのか、それとも甘さやうまさの中に忍び込んで全体に新しいインパクトを与える貴重な脇役としての存在感なのか、しだいに判断がつくようになります。つまり、経験を重ねることによって、はじめ危険だと思われたものが実は有益な刺激でもあり、単に甘いだけのものがそれによって複雑なニュアンスを与えられたり、あるいは酸味の刺激によって甘さがより甘美に感じられるなど、新しい世界が開けることを知るのです。

初恋や、青春は、甘酸っぱいものです。

単に甘いだけではなく、その中には危険な匂いもあり、なによりも未知の世界に足を踏み入れる魅惑と慄《おのの》きがある……。そして甘いだけのものはすぐに記憶から薄れますが、甘酸っぱい複雑な味はあとあとまで思い出に残るのです。

酸っぱいという刺激に対して、塩辛いという感覚は、同じように人に警戒的な印象を与えますが、腐敗や未熟の警鐘を鳴らす酸味と違って、塩分はからだにとって必要不可欠な要素であるだけに、私たちは基本的にそれを受け入れようとします。わずかに加えられた塩が素材の味の輪郭をシャープにし、それによって素材がより受け入れやすい味になることは、つねに微妙な塩分調整を必要とする私たちのからだが先験的に知っていることなのでしょう。だからこそ、過剰な塩分が体内に入ろうとすると私たちは瞬間的に拒否しますし、もし入ってしまったときにはすぐに水を飲んで中和しようとするのです。

子供のときは、甘いものに囲まれながら安心して育ちます。

それが成長すると、初恋を経験し、青春の懊悩《おうのう》の中で、甘酸っぱい味を知るようになります。そこで酸味を知って成長しない者は、まだ甘い、といわれるのです。甘ちゃん、甘えん坊、甘やかされた……というのは、しかるべき年齢になってもまだ甘さに酸味の加わった複雑な味を知らない者のことをいいます。

しかし、酸味は、辛味と重なると、不快な経験をもたらします。甘酸っぱい青春を経て社会に出た者たちは、そこで辛酸《しんさん》をなめながら人生を歩んでいくのです。

苦い、という味覚は、さらに高度な判断を要求します。

口に入れて苦味を感じるものは、毒である可能性が高い。良薬口に苦しといいますが、毒と薬は紙一重です。ふつう、口に入れたものに思わぬ苦味を感じたときは、体内に取り込むことを拒否して吐き出そうとします。

しかし、甘い、酸っぱい、辛い……といった味覚に、微量の苦味が加わることで、味覚がさらに奥行きを増すこともあります。あるいは、同じ苦味にも、ただ不快なだけの苦味がある一方、苦味の中にさまざまな要素が複合した独特の味わいを感じるときがあり、そうした苦味を鋭敏な舌をもつ人びとは最高の美味と感得します。アユのうるか、サンマのはらわた、緑茶、ニガウリ、フキノトウ……日本人が好む味覚には苦さを含むことがありますが、苦味の魅力に気づくには、豊かな想像力や知的な判断力に裏づけられた、高度な美的センスが必要です。

優しい甘さをたっぷり与えられてすくすくと育ち、甘酸っぱい青春を過ごした青年は、辛酸をなめて大人になり、人生というものを理解します。そして、ほろ苦い大人の恋と挫《ざ》折《せつ》を味わって、苦み走ったいい男、になるのです。

現代の先進国に住む人びとの多くは、飽食の時代を経て、大人の味覚をもつようになりました。

飢えていた時代は、そして誰しもが若い頃は、ただ脂っこくてボリュームがある料理ならなんでもおいしいと感じたのに、時を経て量やカロリーを求めなくなると同時に、私たちはしだいに、微妙で、繊細な、より複雑な味わいを求めるようになっていきます。

現代の料理は、あきらかに進化しています。時代の先端を行くレストランの料理はいうまでもなく、十年一日のごとく変わらないお袋の味をつくっているつもりの家庭の料理でも、時代による嗜好《しこう》の変化はかならず影響を与えているのです。

手段が限られていたかつての狩猟や漁労と違って、現代の食料調達の手段は多岐にわたり、技術も進歩し、安定した供給が可能になりました。もちろんいまでも天候に左右される農業などの一次産業は重要な地位を占めていますが、安定供給と安定流通、とくに鮮度のよい食材をつねに短時間で遠く離れた産地から消費地に運ぶことのできるシステムは、現代の料理を大きく変えました。

いま、世界中のプロの料理人に、どんな料理をつくりたいですか、と質問すれば、十人のうち九人が、素材を生かした料理、と答えるでしょう。必要以上に手を加えない、その素材が本来もっている味をそのまま生かした料理……実際にできてくる料理は千差万別でも、料理人は異口同音にそういいます。

昔は、素材を生かそうにも、生きた素材がありませんでした。カラカラに干した魚か、きつく塩をしてある豚の保存食品か、もし生の肉があったとしても、何日も前から厨房の隅で腐りかかっている、そのままではどう料理しても食べられないようなものしかなかったのです。

フランス料理はソースで味をごまかす。そういう非難の言葉が昔からありますが、そう単純に言い切るのは偏見に満ちたものの見方だと、フランス料理をよく食べる私は弁護したくなります。が、フランス料理はソースが命、といって料理人たちが心血を注いできた料理の技法は、腐りかかった肉にスパイスをすり込んで匂いをごまかし、肉や骨から出る動物のエキスで味を補強し、脂肪の足りないものには脂肪を加え、バターやクリームの濃厚な風味で素材の弱みを覆い隠す、いわば中世以来の伝統の延長線上に位置して……いなかった、とは決していえないでしょう。

しかし、こうした先達の努力は、非難されるどころか、そもそも料理という行為がもっている目的に、正しくかなうものでもあったのです。

そのままでは食べられない素材を、どうしたら食べられるようにできるか。そのままでは食べにくい素材を、いかに食べやすくするか。そのままではおいしく食べられない素材を、なんとかおいしく感じられるようにすることはできないか。

料理というのは、そのための方法論なのです。そのままでも食べられるような素材は、はじめから料理する必要などないのです。

今日の世界の料理人たちが悩んでいるのは、意識するとしないにかかわらず、実はこの点にあるのです。素材を生かした一皿をつくりたいなら、君は料理をしないほうがいい、といわれているのと同じですから。

新鮮で質のよい素材は、必要以上に手を加えてはいけないので、必然的に、求められる調理法は単純なものになります。

素材がデフォルメ（変容・変質）されず、調理法がシンプル（単純・短時間など）になると、料理することの意味を求めるために、味については、必然的に複雑な調味が求められるようになるでしょう。

素材の味をそのまま生かすように、余計なものを加えて本来の味をマスク（隠蔽《いんぺい》）しないように。しかし、そこに複雑さを加えなければならない。

そのためには、一皿の中に盛られる料理された食材の、たがいの温度の対照や、複数の食感の共存ないし連続。また、甘さと酸味あるいは甘さと塩味が同時に存在を主張しながらたがいに均衡を保つ味覚のバランスや、たとえばいくつかの味が舌の上に生起したあと最後にほんのりとした苦味が残る時系列的な味覚の受容感覚など、さまざまな演出が求められるようになります。もちろん、一見しただけでわかる皿の上の食材の多様性や、世界中の食材や料理法の多様な組み合わせを示唆するスパイスやコンディマン（調味料）の使いかたなども含めて、あらゆる面で、皿の上に、多様で、複雑で、ときに意外な、出会いに満ちた現代社会の様相が表現されていなければならないのです。

一種の芸術的な表現でもあるレストランのシェフたちの料理を、一般の家庭の食事の場合と単純に比較することはできませんが、家庭の食卓も時代や社会を反映するものですから、当然のことながらそれなりの進化を遂げることになります。

フォワグラとソーテルヌは知らなくても、脂が少ない、塩が少ない、砂糖が少ないという「三少」の食事が健康的であるという認識は、日本の家庭でもすでに当然共有されています。また、家庭の食卓にもレストランに負けない新鮮な素材が届く今日、もともとシンプルな調理を旨とする家庭料理にも複雑な調味が求められるようになり、日本の家庭でもそれまであまり使われなかったニンニクやトウガラシやオリーブオイルなどの多用が目立つようになってきました。

オーブンと中華鍋

料理の進化を考える場合、調理道具の発達と、それにともなう調理法の変化にも留意しなければなりません。そろそろ第三時限も終りに近づいたので、オーブンと鍋の歴史をおさらいすることで、話のまとめにしたいと思います。

人間は、火を発見することで食べものを調理することを覚えたわけですが、たとえば獣を射止めて手に入れた肉を加熱しようとする場合、最初のうちは、裸の火で直接肉を炙《あぶ》るか、たちのぼる煙の中に肉をかざしてしばらく置くか、そのくらいしか方法は考えられなかったことでしょう。

調理の目的は、そのままでは硬くて嚙み切りにくい肉を食べやすくする、冷たい肉を温かくする、など（ここにも「白柔温甘」への志向がすでにあらわれている）のほか、加熱することによって病菌を殺したり肉の保存性を高めたりすることも重要でした。

が、必要を感じてはじめた作業でも、焼いた肉を口にしてからは、多くの者がそれを生肉よりも美味であると感じたに違いありません。そうすると、こんどは保存する必要がなくても、ただおいしく食べるために調理をするようになります。

問題は、肉は焼くと縮んでしまうこと、また、ときには焼いている最中に火の中に取り落とし、燃やしてしまうような事故も起きることです。そのままでも食べられないことのない肉をわざわざ火にかざして焼くという行為は、そうしたリスクを負ったものでもあったのです。でも、私たちの祖先は、よりおいしく食べようとするために、かならずしも必要のない行為に危険を承知で手を染めたのでした。

直火《じかび》で焼くという方法の次に、鍋で煮るという技法が登場します。直火で焼くなら木の枝でもあればよかったものが、こんどは鍋という道具が必要になります。鍋は木の葉を丸めてもできないことはありませんが、技法として確立するにはやはり土器の登場を待たなければなりませんでした。

肉塊から脂肪と旨《うま》みを含んだ肉汁が流れ落ちるのにまかせる直火焼肉に対し、鍋に水を満たして肉を煮るのは、味も栄養も逃がさない、しかも肉が柔らかくなると同時にスープが取れるという、きわめて優れた進化した技法でした。

直火で焼いた肉には独特の香ばしさがあり、さらに火を発見した人間の原初の衝動を伝えるノスタルジックな方法論への郷愁も加わって、他にどんな調理法が開発されようと、現代に至るまで一貫して多くの人びとを魅了しています。

が、水も油も介在させず素材に直接火の熱を加える方法も、ヨーロッパでは近代に入ると大きな技術革新を遂げることになります。

それは、オーブンの発明でした。

中世まで、直火焼きも鍋煮込みも、調理は暖炉でおこなわれていました。

観光旅行でヨーロッパの古い城などの内部を訪ねたことがある人は、大きな部屋の壁面に設けられた石造りの暖炉に、黒い鋳鉄でできたグリル用の串や網、鍋の把手《とって》をかける鉤《かぎ》などがある光景を覚えているかもしれません。あの暖炉に火を熾《おこ》し、肉を鍋で煮たり、串や網を使って焼いたりしたのです。

ヨーロッパにおけるライフスタイルの近代化は、原始的、あるいは野生的と思われる要素を、覆い隠す、閉じ込める、という方向に作用することが多いのですが、火の制御も同様の観点からおこなわれ、それまで直接目に触れていた（原始的な）火を、鉄板で覆って見えなくする（近代人の目から隠す）ための方法が考え出されました。

一八三七年から一九〇一年まで、奇《く》しくも日本の昭和と同じく六十四年にわたって続いた英国のヴィクトリア王朝は、産業革命による技術革新が一般家庭にまで恩恵をもたらす中で、イギリスの生活文化が一挙に近代化した時代です。

産業革命によって勃興《ぼっこう》した新しい中産階級は、郊外の二軒長屋から都心の中層住宅に移り住み、新しい家具と道具を買い込んで住みはじめます。ほどなくして狭い家の中はモノで溢《あふ》れ、息苦しくなった人びとは、外に出てスポーツに興じ、あるいはドライブや旅行を楽しみました。サッカーやテニスをはじめとする近代スポーツが確立したのも、旅行代理店ができて観光旅行が商品化されたのも、ともに英国のヴィクトリア朝時代の出来事でした。

経済の成長とともに新しい「小金持ち」の階層が生まれ、狭い家の中に次々とモノが増えて、みんなが旅行や買いものやスポーツに夢中になる……それは日本がちょうど百年後に追いかけることになる経済の高度成長期に起きる現象を先取りしたものであり、その意味でもヴィクトリア女王と昭和天皇の在位期間がともに六十四年間であるという偶然を不思議に思うのですが、暖炉にあった裸の火が鉄板で覆われた、オーブンレンジという新しい調理器具が一般に広く普及したのもまたこの時代でした。

狭い家に、裸の火が燃えていたのでは危険でしょう。人はまず石の火床の上に鉄板を敷いてその上で火を熾すようにし、次に火の全体を鉄板の箱で囲みました。鉄箱には前面に穴を開けてそこから中の火を操作できるようにしましたが、火の全体を完全に覆うと鉄箱はかなりの高さになったので、箱の中に仕切りの鉄板を渡して炎を途中で受け、それまで暖炉の上から鉤に吊るして火にかけていた鍋をそこに置くことにしました。

これまでの鍋の底からしか当たらなかった火と違って、熱せられた鉄板によって鍋の四方から伝えられる輻射熱は、蓋をした鍋の中の煮物をこっくりと仕上げました。

が、熱くなった平たい鉄板の上に鍋を置こうとしても、丸い底の鍋ではうまく安定しません。鉤にかけて裸の火を受けるときは、鍋の底は丸いほうが、下からの炎が鍋の周囲をなめて万遍なく熱を伝えるので都合がよいのです。が、こんどは底が平らでないと、鉄板の上に載せられない。西洋の鍋の底がすべて丸底から平底に変わったのは、家庭内の暖炉がオーブンに変わるこの時代からはじまったことなのです。

鉄箱の中で火を熾すと、箱全体が熱せられ、いちばん上の天板も触ると火傷をしそうなほど熱くなります。平底になった浅い鍋をそこに置けば、裸の火の上に置いたときと同じように調理をすることができました。フライパンと、オーブンレンジの発明です。

こうして西洋の諸国では、火は見えないが熱い箱の、中と上で調理をするようになり、かつて裸の火で炙られていた肉は、オーブンの中で、皿に載せて焼かれるようになりました。滴り落ちた肉汁を再びかけまわしながら仕上げたオーブン焼きの肉は、以前にも増してジューシーな美味と感じられたことでしょう。直接の火を遮って、熱だけを四方から受ける……新しい加熱調理法の登場で、同じ焼きものでもグリルからローストへ、料理の技法も変化していきます。

一方、東洋では、壁際に設けた暖炉ではなく家の中心に切った炉で調理をする地域が多かったこともあり、裸の火が暴れると危ないので周囲だけは石やレンガで囲ったものの、炎はそのまま上部に抜けるような構造の調理用かまどがつくられました。

大きなかまどの上に、火が直接底に当たるように鍋を載せて加熱するのがそのやりかたですが、こうすると底の丸い鍋がそのまま使えるので、今日まで中国を中心とするアジアの料理文化では丸底の鍋が使われています。

中国料理では、大きな中華鍋にコークスの強烈な火炎を当てて料理します。家庭ではかまどに鍋がセメントなどで固定されているケースも多く、水を入れて茹で、蒸籠《せいろ》を載せて蒸し、油を入れて炒める、揚げるなど、ひとつの中華鍋ですべての調理をおこないます。

鍋に入れる油の量に応じて、煎（ヂェヌ＝少量の油で両面を煎り焼く）、貼（ティエ＝少量の油で片面を煎り焼く）、炒（チャオ＝ある程度の量の油を材料に絡めながら炒める）、炸（ザ＝大量の油の中で泳がせながら揚げる）などとこまかく加熱法が分類されているように、昔のままのシンプルな道具を用いながらもきわめてシステマティックに料理技法が体系化されており、中国料理が西洋とは別の道筋をたどってもうひとつの頂点に達していることがわかります。が、丸底の鍋をかまどの火の上にはめ込んだために、直火で肉を焼くことはできなくなってしまいました。

今日、中国料理にも北京ダックを代表とする焼きもの料理がありますが、かまどに肉を吊るして直火でローストするやりかたは、北方の諸民族から伝えられた技法です。中国大陸のおもに中央から南方に住む漢民族は、北方の北京に首都を置いたときそれを宮廷料理の体系に取り入れましたが、もともと彼らがもっていた技法ではありませんでした。

直火焼きをあきらめてまで、丸底鍋ひとつですべての料理をつくろうと決心した理由はわかりませんが、鍋と火を自在に操る今日の中国料理の技法が生まれたのは、十世紀頃、大陸に鉄器の製造が普及して以来のことだといわれています。もし中国に、強い火力に堪えることのできる鉄製の鍋がなければ、また、ひとつの食文化にかかわる料理技法が体系化されるための経済的社会的条件が揃ったちょうどそのタイミングに鉄器が導入されたのでなければ、中華鍋の存在を中心に組み立てられた今日の中国料理はなく、想像はつきませんが、中国大陸の料理はまた別のスタイルになっていたことでしょう。

味覚も、料理も、その道具も、絶えず進化し続けています。新しい味覚が新しい料理を求め、新しい料理は新しい道具を必要とし、また逆に、新しい道具が新しい料理を生み、新しい料理が人に新しい味覚を教えます。

とりわけ近年は、テクノロジーの進歩によって新たな調理機器が開発されたり、調理加工の技術そのものが最新の科学によって分析されたり、また、それぞれの地域で手に入る食材を対象にして生まれた料理技法が、高度に発達した流通によってそれまで知らなかった食材と出会い、それにともなって未知の料理技法が情報として伝えられるなど、さまざまな要素によって変革を迫られています。

プロの料理人たちも、これまでほとんど無意識のまま踏襲してきた伝統的な料理技法をあらためて見直すことが要求されていますが、すでに、これまでは実験室の中でしかおこなわれてこなかったような科学的ないし化学的な処理法を調理の現場に応用したり、工業的な用途にしか用いられなかった機器を厨房用に改造するなど、先端的な試みがおこなわれており、そこで採用された料理技法は一部の先駆者から広く料理界の全体へと波及しています。

こうした技術革新は、一般の家庭には縁がないように思えるかもしれませんが、私たちはとっくに電子レンジ（電磁波による加熱）を使いこなしていますし、超低温の急速冷凍技術や的確な温度管理が可能なスチーム機能つきのオーブンなど、最新のテクノロジーはすでに家電製品の中に取り込まれているのです。

電子レンジでチンとやるときに、かまどの火でコメを炊いていた昔の日本や、焚《た》き火のまわりに集まって獲物の肉を焼く原始時代の家族の情景を一瞬でも想像することができたなら、それだけで食卓の話題は一時間はもつことでしょう。

第四時限　食の伝播

人類のすべてはたったひとりのアフリカの女性の子孫である、という説があるそうですが、サルがいつからヒトになったのかはともかく、人間の最初のカップルから誕生した私たちの祖先は、はじめはかつてサルであったときと同じように、生まれ落ちた場所の近くにある植物や動物を食料としていたはずです。

サルであれヒトであれ、そこに子供が生まれたということは、親たちがその場所に棲んでいたということであり、棲んでいた、ということは、その場所が、食料となる動植物を手に入れることができる環境であった、ということを意味しています。

アフリカから世界中に四散した人間たちは、さまざまな地域で暮らしはじめました。ある者は緑あふれる草原の水辺で、ある者は乾燥地帯の岩山の中で、ある者は熱帯の密林で、またある者は極寒の氷原で……。

どんな地域でもそこで人間の暮らしが成り立っているからには、健康な肉体を維持するために必要なカロリーと栄養のバランスが得られる食料を、そこで継続的に調達することができる、ということです。逆にいえば、そのような場所を選んでヒトは定着し、子孫を増やし、生活文化を築いていったのでした。

世界のいくつかの食文化はそうして生まれましたが、それらはたがいに孤立していたわけではありません。

人間は、長い距離を移動しながら自分たちが棲む場所を探していったように、ある場所に定着してからも、たがいの交流は途絶えませんでした。もちろん現代のようにわずかな時間で遠いところまで飛んでいくようなことはできませんでしたが、ラクダに乗って、馬に乗って、船を漕いで、なにも手段がなければただひたすら歩いて、途方もない昔から、途方もない距離を、気の遠くなるような時間をかけて移動する者がいたのです。

ある地域の食文化は、こうした移動者の存在を介して、遠く離れたほかの地域に伝わります。

たとえば、いま世界中で食べられているさまざまな野菜は、ユーラシア大陸の場合は中央アジアないしインド北部から中国西域にいたる一帯か地中海沿岸部を、アメリカ大陸の場合は南米アンデス山地から中米メキシコ付近を、もとの植物の原産地としているケースが大半を占めています。

もちろんそれぞれの土地には固有の植物があり、野生の状態で採取して食べることは当然あったでしょうが、その中で、耕地で栽培することに適応でき、可食部の質と量が十分にあって安定した収穫が可能な、人間の食料として利用できるものは限られていました。私たちの祖先は、おそらく無数の植物について実験を繰り返したに違いありませんが、ある地域である植物が選ばれ、野生植物から人間が食用にできる野菜として改良されると、その種や実は、栽培法や利用法に関する情報とともに他の地域に伝えられたのです。

主食となる穀類に関してはさらに範囲が限られ、ユーラシア大陸では中央アジアから西アジアの一帯を原産とする小麦、大麦などのムギ類と、中国南部を原産とするコメが、他のほとんどの地域に伝播して利用されています。

穀類と並んでイモ類も、古くから人間の生命を支えてきた重要な植物ですが、世界中で日常の食用として利用されているものは種類が限られ、熱帯アジアから日本を含む太平洋の島々に伝播したタロイモ（サトイモ）を除けば、ヨーロッパを「征服」したジャガイモや、アジアやアフリカで重要な役割を果たしているサツマイモやキャッサバなどのイモ類は、すべて南アメリカ大陸から伝えられたものばかりなのです。

コロンブスが見つけたもの

食に関する伝播の例で、もっともよく知られているのは、大航海時代の旧大陸と新大陸の交流でしょう。

コロンブスがアメリカ大陸を「発見」したのは「石の国」……一四九二年のことですが、十五世紀から十六世紀にかけては、ヨーロッパからの航海者たちによって相次いでアジアやアメリカへの長距離航路が開拓され、地球が丸いことが実証されるとともに、それまで交流のなかったユーラシア旧大陸とアメリカ新大陸が、たがいにその存在を知るようになりました。

この時代、ヨーロッパ諸国が血眼《ちまなこ》になって東方航路の開拓をめざしたのは、インドからモルッカ諸島にかけての熱帯アジアに産する、コショウをはじめとするスパイスや、砂糖をつくるサトウキビを求めてのことだといわれています。

コロンブスは、スペインの港を出たあとアフリカ沖のカナリア諸島で態勢をととのえ、そこから一気に西へ向かえばインドに着くはずだと考えていたので、約二ヶ月の航海の後にようやく最初の島影を見つけたとき、あ、ここがインドに違いない、と思って上陸したのですが、そこはカリブ海に浮かぶ島のひとつでした。

そのために、以後、この海域の島々は「西インド諸島」と名づけられ、アメリカ大陸の先住民は「インド人（インディアン）」と呼ばれるようになるのですが、いくら同じように肌の色が黒い住民がそこにいたからとはいえ、本物のインドに「東インド」という名を与えて、自分たちの間違いを半分しか認めないのはいかがなものでしょうか。

しかし、この歴史的な大間違いから、新旧大陸間の壮大な交流がはじまります。

コロンブスはインドにコショウを探しに行ったので、アメリカ大陸でトウガラシを見たときにそれがコショウだと思い込み、ペッパーがあった、と報告しました。このため、現在でもペッパーというとコショウとトウガラシの両方を指すことになっていますが、トウガラシはアメリカ大陸中央部メキシコ付近の原産で、このときにはじめてヨーロッパ人の目に触れた植物でした。

トマト、ジャガイモ、トウモロコシ、トウガラシ。

これらが、「新大陸の発見」によってはじめてアジアやヨーロッパに伝えられ、旧大陸の食文化に多大な影響を与えた四大作物とされています(タバコを加えて五大作物ということもある)が、同時に旧大陸からは、タマネギ、ニンニク、キャベツ、サトウキビ、ダイズなどが、コメや小麦とともにはじめて新大陸に持ち込まれたのです。

辛くないカレーや、辛くないキムチなど、いまの私たちには想像することもできませんが、トウガラシが伝わる以前は、インドで辛いものといえばコショウとショウガくらいのものでした。朝鮮半島にはサンショウ(山椒)がありましたが、キムチ(沈菜=漬物)には使われていません。だから、十六世紀になるまでは、インドのカレーも朝鮮半島のキムチも、いまのように辛くはなかったのです。同じように、イタリア料理にはトマトがなく、ドイツ料理にもジャガイモはありませんでした。

しかし、食は伝播するといっても、新しい食べものは、伝えられてすぐに受け容れられたわけではありません。やはり口に入れるものですから、いまの日本のように情報がふんだんにある社会ならともかく、それまで見たこともない食材に関しては、食べられると聞かされてもまず警戒する気持ちが先に立つのは無理からぬことでしょう。

トマトは、南アメリカ大陸アンデス西部の海岸地域からメキシコにかけての一帯が原産地とされ、十六世紀の前半にアステカ王国を征服したスペイン人の手によってヨーロッパに伝わりますが、食用として利用されるようになるのは、伝播から二百年も経った十八世紀以降のことでした。

同じアメリカ大陸でも、ヨーロッパから北米に移住したアメリカ人たちがトマトを栽培しはじめるのは十九世紀以降だといわれています。日本へも、十七世紀にはオランダ人によって伝えられているようですが、野菜としての栽培がはじまるのは明治以降です。

いまでこそ私たちはトマトの色を見て、おいしそうだ、と感じますが、生まれて初めてトマトを見たヨーロッパの人たちは、あまりにも鮮やかな色の果実を見て、きっと観賞用の植物だろう、と思ったのです。最初に持ち込まれたトマトはいまのミニトマトより小さいものだったらしいので、鉢植えにして部屋に飾りたくなった気持ちはよくわかります。

ヨーロッパで最初にトマトを栽培したのはイギリス人だといわれており、その頃は皮膚病に効くとか、媚薬《びやく》として役立つとか、異国からやってきた神秘的な植物としてしか扱われていませんでしたが、その後、よりトマトの栽培に適した気候をもつイタリアやスペインなど地中海沿岸に栽培が広がり、品種の改良が重ねられるとともに、しだいに食用の野菜としての地位を確立するようになっていったのです。

ある野菜が遠くの国に運ばれても、そこが栽培に適した土地でなければ根を下ろすことはできません。また、それが新しい土地でよく育つからといって、かならず受け容れられて定着するとも限らないのです。

同じく南米アンデス山地を原産地とするジャガイモの場合は、心理的、ないしは宗教的な抵抗感があって、コロンブス以降ヨーロッパの各地に伝えられてからも、なかなか食料としての利用は広まりませんでした。

ジャガイモは、痩せた荒地でもよく育ち、十分なカロリーと栄養を与えてくれる上に保存もきくので、相次ぐ戦争や天災で絶えず飢饉に脅かされていた当時のヨーロッパにとって、有益な救荒食であることはわかっていました。が、聖書に名前が載っていないから、とか、見えない土の中で子孫を増やす淫《みだ》らな植物だから、などという理由で食べることを忌避する人も多かったのです。

フランスでは、そのために国が音頭を取ってジャガイモ食を奨励するキャンペーンを張り、ルイ十六世がマリー・アントワネットにジャガイモの花を飾って夜会に行かせることで人民の気を惹《ひ》こうとした話は有名ですが、結局は、飢饉で人が死ぬたびにジャガイモの栽培面積が増え、生き延びるための必要から否応なく普及していったのです。

しかし、王妃をキャンペーンのイメージ・キャラクターに起用したルイ十六世のアイデアは、的を射た広告宣伝の方法だったともいえるでしょう。フランス料理はそもそも宮廷料理のスタイルが一般の市民へと伝わっていったものですし、セレブへの憧れから新しい食べものに手を出す人はいまも絶えません。

食の伝播には、栄養的に必要だったから、とか、既存の食文化にうまく嵌《はま》ったから、というような合理的な説明のつく要素だけでなく、好みや流行といった予測の難しい要素が重要な役割を果たすことがしばしばあります。

受け容れられるのに多少の時間はかかったとはいえ、ジャガイモとトマトはそれぞれ、ヨーロッパ中北部、地中海沿岸など、本来の生育条件に適した場所には比較的均等に広まっていきましたが、トウガラシの場合は少しようすが違います。

ヨーロッパ大陸の大半はトウガラシが育つには寒過ぎるので、スペインやイタリアの一部と南フランスを除いて辛いトウガラシが普及しなかったのはわかりますが、目をアジアに転じた場合、韓国と日本には十六世紀の中頃にほぼ同時に伝わったにもかかわらず、韓国ではあれほどたくさん食べるようになったのに、日本では長いこと七味唐辛子くらいにしか利用しないでいたこと、また、タイでは死ぬほど辛いトウガラシを毎日大量に食べるのに、ベトナム料理ではそれほど使わないこと……など、隣接しているのに極端に受容の態度が違うケースが見られます。

この現象については、もともとあった食文化の違い（韓国では肉を食べるが日本では食べなかった）や、栄養学的な必要性（韓国は野菜に乏しかったのでビタミンCの供給源が必要だった）から説明を試みる人もいますが、どれもそれほどの説得力がありません。

トウガラシの場合、野菜というよりスパイス的な要素が強いので、なにかをきっかけにしてみんなが食べるようになり、食べているうちにどこかでハマるとどんどんエスカレートして、さらに消費量が増えていく……というような、もっと恣意的《しいてき》なターニングポイントがあったのではないでしょうか。もし、あったとすれば、そのきっかけは、たとえば王様が辛い料理を好んだから、とか、トウガラシを食べたら病気が治ったという話が広まったとか、案外どうでもいいような事柄だったかもしれません。

食に関しては、口に入れるものだから慎重になる、という保守的な態度が見られるのもたしかですが、その一方で、人は誰でも、それまで毎日繰り返し食べ続けてきたものとは違った、なにか別のものを食べてみたい、という欲求をつねに抱いているので、今も昔も、偶然のきっかけから思わぬかたちでスイッチが入って、それまで知られていなかった新しい食べものが突然ブレークする、ということがあるのです。

チュイルリー公園のバーベキュー

私がはじめてパリの土を踏んだのは一九六八年のことですが、その頃、パリ五区のカルチエ・ラタンと呼ばれる学生街に、一軒だけハンバーガー屋さんがありました。

それは「ウィンピー」という名の店で、イギリスのチェーン店だという話でしたが、とにかく寂《さび》れていて、客で賑わっているところは見たことがありませんでした。

私たちはそのようすを見て、さすがにフランス人は自分の国の食文化に誇りをもっている、フランス料理の輝かしい伝統をもつ国民は、アメリカ生まれのファストフードなんか相手にしないのだ、と感心し、外国人ながらもフランス語とフランス文化を学ぶ学生のひとりとして、彼らの矜持《きょうじ》をみずからの誇りにさえ思ったものでしたが……それが、いまでは、フランス人の子供たちに、

「いちばん好きな食べものは？」

と聞けば、十人のうち九人までが、

「マクド！」

と答え、それ以上は聞いていないのに、

「マクドがいちばんおいしい！」

と声を揃えてもう一度いうくらいの、そんな時代になってしまいました。

第一時限の授業で、フランス人の国民食はステーキとフリット（フレンチフライ）だといいましたが、フランス人が日常に牛肉のステーキを食べるようになったのは、ナポレオンがイギリス軍に敗れた、一八一五年のワーテルローの戦いがきっかけだったといわれています。

戦場になったのはベルギーの首都ブリュッセルの近郊にある小さな丘で、ここで対峙《たいじ》したフランス皇帝ナポレオン一世の軍隊を、ウェリントン将軍が率いるイギリス軍を中心としたオランダ・ドイツ（プロイセン）連合軍が破ったのですが、勝敗が決したあと、イギリス軍はベルギーからパリへと南下し、そこに駐留してから順次英仏海峡を渡って本国に帰る手筈《てはず》になっていました。

イギリス軍は、セーヌ河の右岸にある、チュイルリー公園で野営しました。ルーブル美術館の西にある、いまは観光スポットになっている緑豊かな公園です。彼らはそこで、火を焚《た》いて牛肉を焼き、バーベキューを楽しんでいました。

イギリス人は、「ビーフィーター BEEFEATER（牛肉食らい）」という渾名《あだな》がつけられているように、世界で最初に牛肉を好んで食べるようになった民族であるとされています。

それまでヨーロッパでは、広大な森に豚を放し飼いにして育て、冬を迎える前に解体してその肉を保存食にするのが慣わしだったわけですが、工業化が進んで森が伐採されるにしたがって豚の棲む場所が限られ、木を伐ったあとにできた草原で牛を飼うようになりました。産業革命によっていち早く経済的な発展を遂げたイギリスは、ヨーロッパでもっとも早く牛の飼育をはじめた国であり、それがさらに南北アメリカ大陸の広大な牧場での大量飼育に繋《つな》がっていくわけですが、そうした条件によって、イギリス人は早くから牛肉を食べる習慣を身につけていたのです。

彼らは、牛肉の塊をローストして食べるのを好みました。いわゆる、ローストビーフです。オーブンがなかったときは暖炉に吊《つ》るし、やや遠目から火を当ててじっくり焼く。しかし、軍隊の野営ですから、肉の塊がたくさん用意されているわけではありません。しかたなく、大きな塊から一人前の肉を切り出して、焚き火にかざして炙り焼きにして食べました。それぞれが自分の剣の先に肉を刺したのか、木の杭《くい》でも引っこ抜いてきて刺したのか、具体的なやりかたについてはわかりませんが、ステーキという言葉はもともと肉を刺す木の杭や鉄の串《くし》のことをいうのですから、チュイルリー公園のバーベキューで、彼らはまさしくステーキを焼いていたのです。

その光景を、フランス人たちは、遠くから指をくわえて眺めていました。

相手は戦勝国で、自分たちは負けて駐留を許している身ですから、じゅうじゅうと食欲をそそる音を立て、香ばしい匂いを振りまきながらほどよい色に焼き上がるステーキは、いっそうおいしそうに見えたに違いありません。

フランス人は、これをきっかけに、それまではあまり馴染みのなかった牛肉を、ステーキにして食べるようになっていったのです。

ハンバーガーの中身は牛挽肉のステーキですから、フランス人が嫌いなはずはありません。が、イギリスのチェーン店であるウィンピーが流行らないままほどなくして撤退してしまったのに対し、アメリカのマクドナルドが進出してくると一転して人気が出てあっというまにフランス人の心と胃袋をつかんでしまったのは、フランス人のアメリカ文明に対する、表面ではバカにしながらも、心の奥では一種の憧れに近い感情を抱いてもいるという、アンビバレント（二律背反的）な反応のあらわれかもしれません。

それをワーテルローの戦いのあとのチュイルリー公園でのバーベキューになぞらえて、

圧倒的な優位に立つ相手に対して弱い者が抱く、嫉妬《しっと》と羨望《せんぼう》と憤怒と悔恨が入り混じったトラウマの表現であると断じたらフランス人は間違いなく怒り出すでしょうが、実をいうと食の伝播という現象は、戦争による駐留とか、植民地における支配など、敵対する者どうしが長期間にわたって濃厚な接触を経験する機会に起こることが多いもので、そこには多分に、一般ピープルがセレブに対して抱く感情にも似た、ある種の屈折をまじえた憧れの気分が働いているものなのです。

ベトナム式サンドイッチ

サンドイッチという食べものは、イギリスのサンドイッチという町で生まれたものとされています。

サンドイッチは、砂（サンド）の入江（ウィッチ）という意味で、英仏海峡に面した小さな港の名前になっていますが、十八世紀にこのあたりの一帯を治めていたサンドイッチ伯爵という人が大のバクチ好きで、朝から晩まで大金を賭《か》けるカード遊びに熱中していたのです。

サンドイッチ伯爵は、食事をする間も惜しんでギャンブルに熱中していたので、カードを繰りながらでも食べられるようにと、二枚のパンのあいだに具を挟んで、片手で食事ができる方法を考案しました。

これがのちに発案者の栄誉をたたえてサンドイッチと呼ばれるようになった……というのがよく知られたサンドイッチの起源伝説ですが、同じような話は日本にもあって、賭け事に熱中しながら賭場で簡単に食べられるようにと考え出されたのが鉄火巻だというのです。たしかに、マグロの刺身を中に挟んで周囲を海苔でぐるりと巻いた鉄火巻は、サイコロを振りながらでも片手で食べることができる、鉄火場と呼ばれる賭場にふさわしい食べものでした。

……というようなトリビアはともかく、もしベトナムに旅行する機会があったら、ぜひサンドイッチを食べてください。サンドイッチ伯爵のサンドイッチはイギリス式の薄い食パンのあいだに具を挟んだものですが、ベトナムのサンドイッチはフランス式で、細長いバゲットを縦半分に切って、そのあいだに具を挟むスタイルです。が、その味がとにかくユニークで、しかも、本当においしいのです。

私はホーチミン市の街頭で、移動しながらサンドイッチを売り歩く屋台で買って食べたのですが、植民地と宗主国の関係における、もっとも幸福な食の伝播と受容の例をそこに見たような気がしました。

サンドイッチ屋さんは、ガラスのショーケースを載せたワゴンを引きながら歩いていました。優しそうな、年配の女性です。呼び止めると、にっこりと微笑《ほほえ》んで私の目を見ながら、ボンジュール、といいました。フランス語で挨拶したのは、私を外国人と見てのことでしょうが、現代のベトナムにはよほどの年寄りを除いてはフランス語を話す人がいないことを考えると、フランスパンのサンドイッチを売っている、という職業意識がそうさせたのかもしれません。

ワゴンの上のショーケースの横にあるパン籠に、フランス人が日常的に食べる細長いパン、バゲットが入っています。ケースの中には、酸味の利いたベトナム式の生ソーセージや、焼き豚や、魚肉のすり身を揚げたもの、ダイコンやニンジンを繊切りにした酸っぱい膾《なます》、トマト、青菜、モヤシなど、色とりどりの具材が並べられています。客はその中から自分の好きなものを選び、縦に二分したバゲットに挟んでもらうのです。

具材はどちらかというと東洋的な風味のものが多く、それらがフランスパンのバゲットとどうマッチするのか、不安もありましたが、面白いのでそういうものばかりを選んで注文すると、サンドイッチ屋さんは頷《うなず》いて、まずパンを籠から引き抜くと、ワゴンの下部にあるブリキの箱の扉を開けました。

ワゴンの下のほうは、大きなブリキの箱になっています。その箱の下に、車輪がついている。つまりサンドイッチ屋さんの移動屋台は、箱つきの台車の上にケースやらパン籠やら小さなまな板やらが載っているという構造なのですが、そのブリキの箱の扉を開けると中にあったのは、炭火が真っ赤に熾っている七輪でした。

彼女は、まずパンを七輪の上の金網に載せ、表面がカリッと熱くなるのを待つあいだに手際よく具材を用意し、次に温まったパンをふたつに切ったところへそれらの具を載せ、トウガラシと香菜（コリアンダー）を散らして全体にニョクマム（魚醤）をふりかけてから挟むと、最後に手でもてるようバゲットの端のところに紙を巻いて、できたてのサンドイッチを渡してくれました。

ベトナム料理を象徴するニョクマムの香りと、スパイスの利いたアジア風味のソーセージや、酸味の強い野菜の膾など、ふつうのサンドイッチには使われないユニークな具材の組み合わせが、パリで食べるのと変わらないバゲットのフランス的な味と不思議に調和して、なんともいえない美味な一品でした。それに、注文を受けてからいちいち炭火でパンを温めるという、東洋人ならではのこまやかな心遣いが、東西の融合をいっそう印象づけてくれたものです。

ベトナム人は誇り高い民族で、ざっと数えて中国に千年、フランスに百年、アメリカに十年と、長きにわたって外国に支配ないし干渉されながらも、つねに独自の食文化を守り続けてきました。もちろんその根底には中国文明の影響はありますが、調理法にしても調味料にしても、そこにベトナムならではの特徴を加えて譲りません。

が、そのベトナム人が、接触した複数の外国の食文化の中から、フランスパンだけはみずから選び取って自家薬籠中《じかやくろうちゅう》のものとしたのです。

ベトナムの田舎を歩いていると、豚の臓物を甘辛く醤油で煮つけたものや、血の煮凝《にこご》りを豆腐のように固めたものを、路傍の屋台で売っています。そのようすを見ると、きっと勤め帰りの人が晩めしの惣菜《そうざい》に買って帰るのだろうな、と想像するのですが、その惣菜が入った鍋の横を見ると、またしてもフランスパンのバゲットが立てかけられている。なんで臓物の煮込みの横にバゲットがあるかといえば、これとこれを頂戴、といって選んだ臓物を、バゲットのあいだに挟んで、サンドイッチにして売ってくれるのです。つまり彼らの手にかかるとモツ煮込みまでがフランス式のサンドイッチになってしまう、というわけですが、これがまた究極のミスマッチで、なんともいえないほどおいしいのです。

戦争が伝えた刺身と白菜

南太平洋の島でレストランに入ると、メニューの料理名の中に「サシミ」という一品があることに目を引かれます。

魚をナマで食べるのは日本だけの習慣ではなく、たとえばペルーのセビーチェがその代表的なものですが、適当な大きさに切ったナマの魚介を塩と柑橘《かんきつ》類の果汁で締めた、酢の物のような生食の方法が太平洋の沿岸地域には散在しています。

私が「サシミ」に出会ったのはタヒチ島ですが、ポリネシアの伝統的な料理にもナマの魚を柑橘酢で締めたものがあって、同じレストランのメニューに「ポワッソン・クリュ」として載っていました。タヒチ島の公用語であるフランス語で、ポワッソンは魚、クリュはナマの意味ですから、直訳すれば「ナマの魚」。

私が入った店では、マグロのような魚をごろごろに切ったものがライムの酢で締めてありました。強い酢にあたって魚の色は一部が白く変わっていますが、そこに紫タマネギを刻んだもの、ニンジンの繊切り、パセリのような香草など、何種類かの野菜がまぶしてあります。これが「ポワッソン・クリュ」。

一方「サシミ」のほうは、同じマグロのような魚ですが、ごろごろではなく薄切りにしてあり、野菜や香草は、魚にまぶすのではなく、並べた薄切りの魚片の横に置いてありました。刺身にツマが寄り添う日本式のスタイルです。そして、別の小皿には醤油が注がれており、練りワサビも添えられていました。

最近は世界中で日本料理が流行していて、どこへ行ってもスシや刺身に似たものが出てくる傾向がありますが、私がタヒチでサシミと出会ったのはもう三十年も前のこと。日本式の刺身がレストランのメニューにあるのは最近の流行を取り入れたからではなく、太平洋戦争のときに伝わったナマ魚の食べかたを、ポリネシア料理のひとつとして受け継いでいたのです。

戦争中、日本軍は南太平洋のいくつかの島に駐留していました。

まだ戦況がそれほど悪化していない時期には、兵隊たちにも日常的な暮らしを送るゆとりがあったことでしょう。彼らは故国の味を懐かしみ、釣った魚をさばいて、持ち込んだ貴重な醬油とワサビをつけ、あたりに生えている野草などをツマに見立てて、家で家族と刺身を食べていた平和な頃を思い出したのではないでしょうか。

戦闘の合間のエアポケットのような時間には、現地の住民との人間的な交流もあったはずです。彼らは、日本軍の兵隊が見たこともないようなやりかたで魚を料理するのを遠くから眺め、なるほど、そんな食べかたもあるのかと感心し、自分たちもこっそり真似をしたのです。場合によっては、現地人と親しくなった兵隊さんが、直接手ほどきをしたこともあったかもしれません。

こうして、島には、以前からあったナマ魚の食べかたに、日本式の「サシミ」が新たに加わったのです。魚をナマで食べることじたいは、昔からやっていることなので抵抗がなく、酸味がないのは少し淋《さび》しかったかもしれませんが、はじめて味わう醬油の香りとワサビの刺激は新しい食文化に出会う楽しさを教えてくれました。

こうして、日本の刺身は南太平洋の島々に伝播したのです。いまでもおそらく、観光客などめったに来ないような小さな島の一軒しかない日用品店で、チューブ入りの練りワサビが売られているのではないかと思います。

戦争による人の接触で伝播した食べものは、フランス人のビフテキや南太平洋の刺身のほかにもあります。

日本の例でいえば、餃子《ギョウザ》とかラーメンといったものも、その範疇《はんちゅう》に入るでしょう。戦争で中国に行った日本人が、帰国後に大陸で知った料理を故国に伝え、それが後に独自の発展を遂げたのです。

野菜でも、ハクサイは同じようにして日本に伝わりました。

ハクサイはアブラナ科の青菜を結球させたもので、西洋のキャベツを生んだのと同じ原種（または祖形）が紀元前に中国に伝えられ、それが改良を重ねて今日の姿になったといわれる、中国を代表する野菜のひとつです。山東省はその大産地で、山東菜とも呼ばれる白い大型のハクサイは味のよいことで知られています。

そのハクサイを、日清戦争のときに中国へ進軍した日本軍の兵士が、故国に持ち帰るのです。農民出身の兵隊さんが、姿も味もよい新しい野菜に興味を惹かれ、種を調達したのでしょう。日本での育種ははじめのうちうまくいかなかったようですが、明治の終りから大正に入る頃には安定して栽培できるようになり、昭和に入ってからは、日本の食卓に欠かせない漬物野菜として確固たる地位を築くまでになりました。

イベリコ豚は何頭いるのか

戦争による食の伝播は、まだ戦争というものが、不幸なかたちであるとはいえなんらかの人間的な接触をともなっていた時代だからこそ起こり得た現象である、ということができるでしょう。

現代的な、あまりに現代的な、はるか彼方からコンピューターの命令でミサイルが打ち込まれるような戦争では、食文化の交流など起こりようもありません。

フランスはアルジェリアを百年以上にもわたって占領し、激しいテロと闘うことも余儀なくされましたが、北アフリカで食べられていた小麦粉の微粒粉クスクスの料理をフランス人の食卓に取り入れました。現地人が支配者の食を、ではなく、支配者が現地人の食を取り入れるという意味では方向が逆ですが、これもまた戦争による食の伝播の一例です。

が、これから何年か後、イラクの食材や料理がアメリカの家庭で食べられている……というようなことはあるでしょうか。

戦争が日常でなくなった平和の時代には、伝播のパターンも違ってきます。

人間的な接触……という意味では、戦争や植民に代わるものとして観光を挙げることもできますが、現代の場合は、実際に人がそこへ行って外国の食文化に遭遇することがなくても、十分な量の情報と、それを裏づける物流があれば、食品が遠くへ伝わることは比較的容易です。

最近の、ノルウェーサーモンやイベリコ豚の世界的流行は、ノルウェーに行ったこともスペインに行ったこともない人たちによって支えられています。

ノルウェーは、海を囲い込んで養殖するという手法で、大量のサーモンを安価に生産することに成功しました。それまでサーモンはヨーロッパでも高級魚とされており、スモークサーモンは祝いの食卓にしかのぼらないような贅沢な食べものでした。

ところが新鮮で脂の乗ったサーモンが世界中に出まわるようになると、それまでは名前しか知らなかった、あるいはひょっとすると名前さえ知らなかった北の海に棲む魚を、熱帯の海辺で暮らす人たちも食べるようになりました。近くの海では泳いでいない魚だからそれだけで珍しい上に、ヨーロッパの高級食材であるという情報も一役買って、急に人気の魚となったのです。

私はタイには毎年のように出かけているのですが、最近はバンコクのちょっとお洒落《しやれ》なレストランへ行くとかならず外国の高級食材が料理に使われていて、先日入った店では、どの料理にもサーモンと椎茸《しいたけ》が使われていました。

イベリコ豚の生ハムも、世界中で食べられるようになりました。スペインのハムがおいしいことは以前から知られてはいましたが、豚の脚を塩漬けにしてハムをつくるのはヨーロッパの古くからの習慣で、イタリアにもフランスにもおいしい生ハムがあってそれぞれに評価を受けていたものです。ところが、近年スペインの黒豚でつくったハムがとりわけ美味であるという評判が急激に広がり、一挙に他を圧する人気食品となったのです。ドングリを食べて豚が育つのはスペインだけの話ではないのですが、生まれてから何ヶ月まではドングリだけを食べさせるとか、餌のドングリと穀物の割合はどうだとか、細かい飼育情報までが食通の話題になり、イベリコ豚の差別化に貢献しています。

それにしても、パリでもニューヨークでも東京でも、突然姿をあらわしたイベリコ豚の生ハムが、あちこちの店にぶら下がっています。いったいどこから、あれだけの量が急に出てきたのでしょうか。

実は、最近流通しているイベリコ豚の大半は、南米の広大な牧場で大量に飼育しているのだ……という噂《うわさ》もあるようですが、そうなると世界中からドングリを集めるのも大変な仕事でしょう。

しかし、もしそのようにして南米大陸にイベリコ豚の子孫が定着したとしたら、それはスペインの豚が南米に伝播した、ということが可能です。が、育った場所がどこであるにせよ、輸入された生ハムをよろこんで食べているだけでは、流行しているとはいえても、伝播した……とはいえないでしょう。

現代の圧倒的な情報量と自在な物流の発展は、食の伝播、という概念を、食の流行、という現象に変えてしまったのかもしれません。

長い時間をかけて運ばれたものが、長い時間をかけて受容され、定着する……という現象を伝播と呼ぶのだとすれば、現物が届く前に情報があり、情報を追ってすぐに現物が目の前にあらわれる現代では、すべてが一過性の流行になってしまうのでしょうか。

クスコのピザは世界一

ペルーに旅したとき、古都クスコを訪ねました。クスコはマチュピチュとともに世界遺産となっているアンデス山腹の高原都市ですが、クスコに着くなり現地のガイドが、

「ここは世界一ピザがおいしい町である」

と自慢しました。かつてのインカ帝国の首都が、どうしてピザ自慢?

たしかにピザ屋さんはあちこちにありましたが、この日はアンデス名物のモルモット

（テンジクネズミ）の丸焼きを食べることにしていたので、残念ながら自慢のピザを賞味することはできませんでした。いま思うと、本当に世界一おいしいピザなら無理をしてでも食べるべきだったと反省しています。標高三千メートルを超える土地で焼くと、生地が違った味になるのかもしれませんから。

ピザ、イタリア語の発音に倣えばピッツァと書くべきでしょうが、この食べものはいうまでもなくイタリアのものです。生地そのものは中央アジアからトルコ、ギリシャにかけての一帯で広く食べられている平焼きパンの一種で、イタリア語の「ピッツァ」という名称も、平焼きパンを意味するトルコ語の「ピデ」ないしギリシャ語の「ピタ」から来たものとされており、南部のナポリを中心に発祥し発展したのも、このパンの一種が東方から伝播したものであることを裏づけているように思われます。

が、イタリア人の発明は平焼きパンの生地の上にさまざまな具を載せて焼いたことで、これをもってピッツァという新しい独自の食べものが誕生したのです。諸説がありますが一八〇〇年頃にはすでに現在のかたちのものができあがっていたといわれており、当初はローカルな食べものとして南イタリアに留まっていましたが、二十世紀になって、アメリカに渡ったイタリア移民がニューヨークに最初のピッツェリアを開き、第二次世界大戦後には広く普及してアメリカ人の日常的な食べもののひとつとなっていきました。

日本では、一九五四年に六本木にできた「ニコラス・ピザハウス」が嚆矢《こうし》です。戦後の比較的早い時期にできた日本の外国料理店といえば、インドから亡命したインド人がはじめたインド料理店や、駐留していたインドネシアから帰った軍人がはじめたインドネシア料理店など、やはり戦争がらみの出自が多いのですが、お洒落で開放的なアメリカの雰囲気をいち早く界隈《かいわい》に撒《ま》き散らしていたニコラスによるピザの紹介も、終戦後のアメリカ駐留軍への屈折した憧れの感情が反映しているという点で、戦争がらみの伝播といえるのかもしれません。PIZZAと書いて「ピザ」と読ませたのは、日本語の発音ではそのほうがラクだからで、おそらくニコラスが考案したこの読みかたも、その後の普及の要因のひとつになったものと思われます。

現在、ピザは世界中で人気の食事ないしはスナックとして暮らしの中に定着していますが、この食べものを世界中に広めたのはアメリカ人です。

イタリアから伝わった、歴史的な背景のあるローカルな食べものを、アメリカがいったん引き受けてそこで本来の郷土色を払拭《ふっしょく》し、世界のどこでも同じように受け容れることのできる、新しい食べものに変えて再輸出したのです。

アメリカは、一個の巨大な濾過器《ろかき》である、といっていいでしょう。

味にうるさいフランス人をも席巻《せっけん》したマクドナルドのハンバーガーは、二十世紀の中頃、自動車産業が隆盛する時代にカリフォルニアのロードサイドで生まれましたが、中のハンバーグそのものはマクドナルド兄弟が発明したわけではなく、それ以前からドイツ系の移民がアメリカに持ち込んで定着していた挽肉《ひきにく》のステーキです。

その名の通り、ドイツ北部の港町ハンブルクが発祥とされ、安くできる割には腹持ちがよいので、港で働く労働者たちの賄い料理だったといわれますが、いまではもうそんな過去を詮索《せんさく》する人はいないでしょう。ハンブルクのステーキだからハンバーガーステーキと呼ばれ、それを丸いパンに挟んだものも同じくハンバーガーと呼ばれるようになったわけですが、いま日本でハンバーグを食べるとき、ドイツのハンブルク港を思い浮かべる人はいるでしょうか。

細長いパンにフランクフルトソーセージを挟んだホットドッグも、アメリカから世界に広まりました。ドイツのフランクフルトへ行くと、道端の屋台でソーセージを焼きながら売っています。そのソーセージを買うと、小さなパンをつけてくれます。手が脂まみれにならないようにその小さなパンでソーセージを挟むのですが、ホットドッグとは似ているけれども別のものです。

それを、アメリカに移民したドイツ人が、柔らかい長いパンのあいだにソーセージを完全に挟み込んで、手を汚さずに食べられるように改良したのです。これも二十世紀の中頃にはニューヨークで流行しはじめ、その後、世界中に輸出されることになりますが、いまの中国人が「熱狗」(ホットドッグの直訳)を食べるとき、そのソーセージがフランクフルトの出身であることに思いをいたすことはないでしょう。

どの国や地域の郷土食も、古くからの歴史や、土地との繋がりや、ときに重苦しい過去の思い出を引きずっているものです。それが遠いところへ伝播するとき、どうしてもその食べものをめぐる物語がいっしょにくっついてくるのだとしたら、その重さやしがらみは受け容れる者にとっては大きな障害になるでしょう。

世界中から移民が集まる「自由の国」アメリカは、ヨーロッパや、アジアの、古い歴史をもった国々が何百年も何千年もかけて育んできた文化や伝統を、なんでも分け隔てなく受け容れて吸収し、こんどはそれを、アメリカ式の、軽い、薄い、万人向けの味に調《ととの》え直して世界に再輸出するのです。

アメリカという濾過器によって濾過された食べものは、ローカル色を失ったかわりにグローバルな中立性を獲得し、誰もが気軽に受け取れるものに変身します。

ピザも、ハンバーガーも、ホットドッグも、アメリカ人のライフスタイルが憧れとされていた時代に、世界中に拡散しました。

日本という研磨機

いま、世界中で流行しているのは、スシをその先頭とする、日本の料理とその食材です。日本人はこれまで、世界中の料理や食材を、ほとんど無制限といっていいほど寛容に受け容れてきました。明治以降、そしてとくに一九四五年の終戦以降、外国の食文化をこれほど広範囲に受容した国は世界でも例外的だといっていいかもしれません。

少なくとも世界史の現在の時点で、

「今夜はカレーにする？　ハンバーグにする？　それともスパゲッティにする？」

と、毎日の夕食を三つの異なる外国の食文化から選ぶ民族は、いまだかつて地球上に存在したことがありません。

しかし、そうして世界から輸入したものばかりで占められるようになったと思っていた日本の食卓が、いつからか、その輸入したものを日本人の感性で磨き直し、あらためて世界に輸出するようになっていたのです。

スシは、もともとは東南アジアの山間部に発祥した川魚や肉類の保存法で、日本に伝来した当初は、炊いた米飯と合わせて発酵させ、熟成を待つ、できるまでに長い時間のかかるものでした。いまも残る近江《おうみ》の鮒《ふな》ずしがそのタイプですが、その後、時代を追うごとに製作時間を短縮する方向に進化を遂げ、江戸時代になって、食べる直前に酢めしと魚片を重ねて圧着する、いまのようなつくりかたが開発されました。

これが江戸前の握りずしの誕生ですが、誕生した頃の握りずしは、いまの二倍かそれ以上も大きいサイズだったといわれています。

スシは、一九六〇年代から、アメリカ西海岸に渡った日本人の手で外国人に知られるようになります。が、ハリウッドのスターが気に入って宣伝の役を買うなど一時的に小さなブームを起こしたことはありますが、スシを握る職人はほとんど日本人に限られており、一般の市民にまで受け容れられたというわけではありませんでした。

スシがいまのような世界的な流行になったのは、一九九〇年代の終り頃にヨーロッパで受け容れられるようになってからのことです。ロンドンではじまり、パリに飛び火したその流行を支えたのは、スシ・ロボット（自動スシ握り機）と回転ずしのシステムでした。

スシ・ロボットも、回転ずしのシステムも、海外に進出する目的で開発されたものではありません。東南アジアの保存食をなぜか日本人だけがまったく別のかたちに進化させ、江戸時代に握りずしが発明されてからも絶えず改良の手を止めず、より小さく、よりカワイイ、おもちゃのような食べものにまで磨き上げてきた上に、こんどは熟練の職人でなくてもスシが握れるように、狭いカウンターではなくもっと広いスペースで大勢の人が楽しめるようにと、日本の国内における、スシという高級食品の大衆化を狙って開発されたのがこれらの機械なのです。

なにもそこまで考えなくてもいいのに、と思うほど、いったんできあがったものをさらにとことんいじくって、より細密なものに、より洗練されたものに、より使い勝手のよいものにと、不必要なほどの改良を加えるのが日本人の特性で、現代のスシは、そうやっていわゆる「ガラパゴス化」してきた結果として、生まれたものなのです。

が、そうしてたどりついた特殊な進化のかたちが、それまで存在していた「高級料理」とか、「伝統料理」とか、「ローカルフード」とかいった限定的なイメージを破る方向に働いて、スシの世界進出を後押ししたのでした。

日本人以外の誰が、回転するレーンに皿を載せて、タイミングよく取らないと逃げていく、ゲームのような食べかたを考えつくでしょうか。しかし、ロボットやゲームという現代的なキーワードが、職人技術的なバリアを解放するテクノロジーの革新とともに、一挙に無国籍的な現代性をスシに付与したのです。

スシのケースは、現代における食の伝播を考えるとき、きわめて示唆的な要素を含んでいるように思われます。

アメリカが一個の巨大な濾過器であるとすれば、日本は新しい小さな研磨機である、といえるかもしれません。世界中からなんでも受け容れて、それを一所懸命に磨き上げ、もとのかたちがわからなくなるほどツルツルにして、誰もがカワイイと思えるものに変えてしまう。スシに続いて、いま世界から注目されている日本の食は、弁当、洋食、ラーメン……どれも、日本がガラパゴス的な研磨作業で日本化したものばかりです。

いずれにしても、世界のどこでも、経済が発展して生活が豊かになれば、かならず、これまで毎日食べ続けてきたものに飽きを感じ、なにか目新しいものを食べたいという欲求が生まれます。日本食のブームがいつまで続くかはわかりませんが、伝播が流行とかたちを変えたいま、スシのように、古くからあったのに知られていなかった食文化が、ある日なんらかのきっかけで世界的に流行する、コロンブスによる新大陸の発見のような出来事はこれからも起こるに違いありません。

第五時限　食の禁忌

これまで食べたもののうちで、なにがいちばんおいしかったですか、と聞かれることがよくあります。が、たしかにこれまで世界中でいろいろなものを食べてきたので、いまでも思い出すと舌なめずりしてしまうほどおいしかったものがたくさんありますが、どれをいちばん、と決めるのは難しいですね。むしろ、おいしかったものよりも、まずかったもののほうが、すぐに思い浮かびます。

ウィスキーとラクダのハム

どんな料理が、というより、もし、単品でなにかひとつ挙げろといわれたら、カイロで食べた、ラクダのハム、というのがいちばんまずかった。

カイロに滞在していたとき、仕事で毎日のように利用していたタクシーのドライバーと親しくなり、彼が休みの日に家に遊びに来ないか、と誘われました。とっておきのおいしいものがあるからご馳走する、というのです。

教わったアパートの部屋に行くと、彼は、テーブルの上にウィスキーのボトルと、二人分のグラスを置いて待っていました。まだ、正午を少しまわった時刻です。エジプトでは朝早くから働いて午後二時には一日の仕事を終え、三時頃にゆっくり昼食をとるのが習慣ですから、昼めし前のアペリティフ（食前酒）、というつもりなのでしょうが、部屋はきれいにかたづいているが奥さんがいるようすはないし、なんだかアヤシイ雰囲気です。

「ようやく手に入れたんだ、このスコッチ。……ふたりで飲もう」

エジプトはイスラム教の国ですから、飲酒は禁止です。もちろん彼もイスラム教徒のはずですから、運転手にはぴったりだ、と思っていたのですが、本当は大の酒飲みらしい。

エジプトは、禁酒国といいながら、それこそ数千年も前からのビール造りやワイン造りの伝統がありますから、いまでもお酒を造っているのですが、それらはもっぱら外国人向けで、ふつうの人が酒屋で買うわけにはいきません。まして輸入品のスコッチウィスキーなんか、どうやって手に入れたのでしょうか。闇《やみ》で買ったにしても、相当高価だったに違いありません。

彼はうれしそうな表情でもう一度ボトルを眺めまわしたあと、恭しい手つきで封を切ると、カイロの昼下がりの陽光で見るといささか汚れの目立つグラスに、ドボドボと勢いよくウィスキーを注ぎました。ふたりで一気にボトルを一本飲んでしまおう、という覚悟が伝わる注ぎっぷりです。

「そうだ、ちょっと待て、いいものがある」

そのとき、彼がそういって台所のほうに消えたので、てっきり水か氷をもってくるのかと思ったら、そうではありませんでした。彼が大事そうに小脇《こわき》に抱えてきたのは、新聞紙に包んだ肉の塊でした。

「ラクダのハムだ。これがウィスキーに合うんだよ」

彼の口調からすると、ラクダでスコッチを飲むのは初めてではないようで、そういわれると説得力があるような気もします。

彼が新聞紙の中から取り出したのは、人の腕よりもやや太い円筒状の物体で、形状はたしかにハムでした。表面は白っぽい茶色ですが、断面は真っ赤な色をしています。彼はそれを小刀で薄く切り、太い指で皿の上に丁寧に並べると、ようやくそこで、ストレートのウィスキーが縁まで注がれたグラスを高く掲げて、乾杯しました。

事の経緯からすると、彼がいっていた「とっておきのおいしいもの」というのはウィスキーのことだったようですが、ラクダのハムも貴重なものらしく、わざわざこの日に合わせて手に入れたのだ、と自慢げです。さあ、おいしいから、食べてみろ。

そういわれなくても、こちらも興味は津々です。私はウィスキーで口を湿してから、ラクダのハムを一枚、つまみました。

さっきから匂いは漂っていたのですが、ハムが鼻に近づくにつれ、強烈な異臭が襲ってきました。凄い匂いです。なんの匂いかって、ラクダの匂いですよ。

動物園のラクダが、泥まみれになって座っているじゃありませんか。あの汚れたラクダの尻の下あたりにでも頭を突っ込んだら、こんな匂いがするかもしれません。

むしゃむしゃとうまそうに食べる彼がしきりに奨めるので、息をしないようにして無理やり何枚か口の中に押し込みましたが、こんどはその匂いがからだの内部から充満してくると同時に、口の中では脂がねちゃねちゃするばかりで味らしい味もなく、なにがまずいかといって、あれほどまずかったものはありませんでした。

私もすっかり酔いましたが、彼は私よりはるかに急ピッチで飲み、先に酔いつぶれてしまいました。彼がどうしてそんな大事なウィスキーをわざわざ私にだけ飲ませてくれようとしたのか、ふたりだけの部屋の鍵《かぎ》を私が入るとすぐに後ろ手で締めたことを考えると、ひょっとするとそちらの方面の目的があったのかもしれませんが、さいわいラクダのハムのあのひどい匂いが私の酔いを妨げてくれたせいで、彼が眠っている隙にうまく脱出することができました。

ゾウの鼻の野菜炒め

ゾウの鼻、というのも食べたことがあります。こちらのほうは、とくにまずい……というわけでもなかったけれども、はっきりした味のしない、奇妙なものでした。

中国の雲南地方ではゾウの鼻が食べられる、という話を聞いて、たまたま雲南省の首都である昆明に行く機会があった私は、市内の料理店を片端から訪ねて、

「ゾウの鼻はないか」

と聞きまわりました。ほとんどの店は、そんなものはない、といいましたが、ようやく、一軒だけ、メニューに、ゾウの鼻の野菜炒め、と書いてある店を発見したのです。

ゾウの鼻の野菜炒め。想像力を誘いますね。

メニューを指差して注文すると、店員の女性たちも、うちの店にそんなものがあったのか、という顔をしています。めったに注文する人がいない料理なのでしょう。それでも厨房に注文を通すと、なにごともなく、ごくふつうに料理が出てきました。

出てきたのは、野菜炒めです。ナスやキャベツやピーマンが、小さく切って油で炒めてある。どこに、ゾウの鼻が？

ゾウの鼻というから、私は巨大なパイナップルのような、まんなかに穴の開いた円筒状のものが出てくるのかと思っていました。だとしたら、先っぽのほうだとしてもかなり太そうだし、薄切りにしてあっても相当のボリュームに違いない……。

私は最初、注文を間違えたのかと思い、もう一度たしかめると、店員さんは、たしかにこれがゾウの鼻の野菜炒めだという。

「じゃあ、ゾウの鼻は、どこにあるの？」

そう聞くと、店員さんにもよくわからない。

「ねえ、ちょっと。これ、ゾウの鼻はどこ？」

そのうちに店の人がみんな出てきて、私の皿の野菜炒めを箸でひっくり返して探しはじめました。そのうちに、厨房の料理人に聞いたのか、ひとりが、これだ、と歓声を上げてなにか白いものを野菜炒めの中から拾い出し、高く掲げました。

箸の先にあるのは、白っぽい、半透明の、ナマコを細く切ったようなものでした。食べると、味はあまり感じられないが、こりこりした歯ざわりです。やっぱりコラーゲンなのでしょう。

ゾウの鼻は、小さく切って缶詰になっているのだそうです。缶を見せてほしいといったら、だいぶ前に開けた中身が取ってあったのを使ったので、缶詰の缶は捨ててしまったといいます。缶だけでもいいお土産になったのに、惜しいことをしました。

いまから三十年くらい前の話です。その頃でもすでに、ふつうの店で売っているものではなかったようですが、昔は業務用のゾウの鼻の缶詰というのがあったのですね。

いまでは、インドはもちろん、タイや中国でも、ゾウを食べるわけにはいかないでしょう。それぞれの国の法律がどう定めているかは知りませんが、貴重な動物として手厚く保護されている以上、アフリカの密猟者でもなければゾウの鼻の味は知らないはずです。

それでは、カイロで食べたラクダのハムは、食べてよかったものなのでしょうか。私はその翌日、カイロ市内の何軒かのスーパーを見てまわりましたが、ラクダのハムや肉はどの店でも売っていませんでした。

学生食堂の豚肉詐欺

食べてはいけないもの、飲んではいけないもの……飲食にまつわる禁忌は、世界中のどの国や地域にもあるものです。

日本にも江戸時代までは仏教によって獣肉食が禁止されていましたが、その後はまったくなくなり、いまでは人びとの意識にさえのぼらなくなりました。

たとえばイスラム教徒は、豚肉を食べてはいけません。

私は、学生時代パリに留学していましたが、禁忌のない日本人の立場を利用して、よくアラブ人の学生から皿の上の肉を巻き上げたものです。

パリ大学の学生食堂というのは、パリ市の内外にある、さまざまな学校関係の施設の中にいくつも設けられています。学生はその中のどの食堂へ行っても、学生用の安い食券を使って食事ができるのです。

その日のメニューは食堂ごとに違い、わかりやすく掲示板に書き出されるので、学生たちはそれを見てから食堂を選ぶことができます。私などは気楽な気分でその日に食べたいものを選んでいましたが、宗教的な禁忌をもつ学生たちはどうしても神経質になります。

イスラム教の国でも戒律が厳しい国とそれほどでもない国があって、私が学生だった当時はいまより原理主義的な国は少なく、とくにフランスでもっとも数が多い北アフリカ出身のアラブ人学生は、ワインも飲むし、牛や羊はふつうに食べるし、私たちとまったく同じような食生活をしているように見えました。

が、やはり、豚肉だけは敬遠する者がほとんどでした。

宗教的な押しつけには反発する若者でも、子供の頃から食べたことも匂いを嗅《か》いだこともないので、なんとなく気持ち悪いのでしょう。

私は、毎日ではありませんが、とくにおなかが空いている日や、生活費が厳しくなってきたときとか、学生食堂で、わざとアラブ人の隣を選んで座ることがありました。

きょうのメニューは、牛肉の煮込み。そう書いてあるので、そのアラブ人学生は安心して食堂に入り、セルフサービスで牛肉の煮込みを皿に盛って、いましがた席に着いたところです。私は自分も同じ料理を取って、彼の隣に座り、こういいます。

「君は、戒律を気にしないんだね」

なんだろう、このヘンな奴は……日本人か。最初はまともに相手にせず、無視しようとしますが、戒律という言葉を聞くと気になります。

「……いったい、なんのことだよ」

「だって、この肉料理には、豚が入っているじゃないか」

彼は驚いた顔をします。

「どうしてだよ。だって、牛肉の煮込みじゃないか」

そこで、私は、本で仕入れたフランス料理の技法について説明するのです。

「煮込みに使う部位は、脛《すね》とか腿《もも》とか、脂肪の少ないところなんだ」

「ああ、それがどうした」

「脂肪の少ない牛肉を煮るとき、フランス料理では、あとから脂肪を加えて風味をよくすることがおこなわれる。ピケ、といってね、そう、刺す、という意味だよ。赤身の肉に針を刺して、脂肪を注入するんだ。細い穴の開いた、尖《とが》った注射器のような専用の針があって、その穴の中に脂肪を入れて押し込むんだが、ピケしたあとの肉には白い小さな脂肪の端がところどころに見えるからわかるけれども、煮込むと脂肪は溶けてしまうから、ピケしたかどうかさえわからなくなる。この脂肪というのが、豚の脂肪なんだよね」

はじめは胡散臭《うさんくさ》そうに聞いていた彼は、そこまでくると、顔色が変わり、思わずナイフをもった手を止めます。

「いや、別に、気にしないのならいいんだよ。それは君の問題だから。ただ、もし知らないで戒律を破ったりしたら、まずいんじゃないかと思って」

「……いや、そうだな」

「もし気になるなら、ぼくが食べてあげてもいいよ。かわりに、つけ添えのジャガイモとニンジンをあげるから」

「……悪いな。じゃあ、そうしてもらおうか」

忠告にもかかわらず食べ続ける者もいて、いつも成功するとは限りませんでしたが、こうして二人分の肉を食べたことが何度かあります。なかには丁寧に、教えてくれてありがとうと礼をいう者さえいて、そういうときはさすがの私も少し心が痛んだものです。

蹄《ひづめ》が分かれていて反芻《はんすう》をする動物

アラブ人だけでなく、豚を食べてはいけないのはユダヤ人も同じです。

というより、ユダヤ教が定めていた豚肉食に対する禁忌を、イスラム教が取り入れたのです。しかし、キリスト教は、豚肉を食べることを許しました。

キリスト教はユダヤ教から生まれ、イスラム教は、ユダヤ教とキリスト教を踏まえて経典をつくりました。いずれも砂漠化の進む乾燥地帯に生まれた宗教であり、その成り立ちからして共通する要素をもっているだけに、逆にたがいに異なる存在であることを主張したいという、ある種の複雑なせめぎあいのようなものが、食の禁忌をめぐる戒律についても見られます。

エジプトから帰って調べたのですが、イスラム教では、ラクダを食べることは許されているのだそうです。あの運転手の態度が怪しかったのはたしかですが、ラクダのハムとは関係がなかったようです。

皮下脂肪の代わりにコブに脂を蓄えることでエネルギーを確保しながら熱さを凌《しの》ぎ、長い睫《まつげ》毛と蓋ができる鼻腔《びこう》で砂塵《さじん》を防ぎながら、水も飲まずに何時間も乾いた砂漠を重い荷を背負って歩くことができるラクダは、砂漠の民にとってはなにものにも代えがたい貴重な財産でした。だから、乳は利用しますが、ふつうは病気で死にでもしない限りその肉を食べることはありませんでした。

が、長い旅の途中で、砂嵐に襲われて何日も孤立し、食料が尽きて立ち往生したとかいう、非常のときには、彼らはラクダを食用とすることを躊躇《ちゅうちょ》しなかったのです。

イスラム教徒は、アラビア半島を征服し、ペルシャ帝国に遠征し、北アフリカにまで勢力を伸ばしますが、もしラクダを食べることが許されていなかったらこれほどの大遠征を成功させることはできなかっただろう、と考える学者もいます。

一方、ユダヤ教では、ラクダを食べることは禁止されています。つまり、ユダヤ教が定めた禁忌のうち、イスラム教は豚についての規定は採用したが、ラクダについては採用しなかった、ということになります。

たしかに、ユダヤ教徒の勢力範囲はイスラム教徒に較べるとはるかに小さく、ラクダを食べることを禁じたために領土を拡大できなかったのだとしたら不利な戒律を定めたものだと思いますが、ユダヤ教徒は農耕するための土地を求めて流浪していたので、ラクダに対する依存はもともとなかったのだ、とも説明されています。

また、キリスト教徒は、乾燥地帯を避けて北のほうの森林地帯に進出したので、ラクダは不要になり、そのかわり森で飼育する豚を積極的に食べるようになったのです。

ユダヤ教やイスラム教では、豚は不潔で汚らわしい動物であるとされていますが、なぜ彼らがそれほど豚を嫌うのか、はっきりした理由はわかりません。

不潔な豚の肉を食べて病気になる者が多かったからだ、という説もありますが、豚は本来清潔を好む動物ですし、羊でも古い肉を食べれば腹をこわすでしょう。

豚が不潔だとされた理由には、ゴミを漁《あさ》るからとか、糞《くそ》を食らうからとかいうことのほかに、汚い泥水の中で転げまわる、という習性も挙げられています。が、皮膚に汗腺のない豚は、暑いときは体温を冷やさないと生きていけないのだそうです。

その意味でも、水辺に近い森の中に好んで棲息《せいそく》するイノシシから家畜化された豚は、水に乏しい、日陰もない砂漠のような場所で飼うのは難しい動物なのです。

遊牧民は絶えず移動しながら生活するので、豚を飼うとすれば連れて歩かなければならない、という問題もあります。豚は、団体行動を好まないのです。遊牧民族がともに暮らす羊は、つねに群がって行動します。羊飼いの指揮のもと、かならず一糸乱れぬ団体行動をとる羊たちは、移動しながら暮らす彼らにはぴったりのパートナーです。が、隊列を組んで行進している豚は見たことがありません。

エサにしても、羊なら移動しながらそこらへんに生えている草を食べさせておけばよいのですから、手間がかかりません。が、草を食べない豚のエサを持ち歩くのは大変ですし、旅の途中では人間の食べものを分けてやる余裕もないでしょう。

森の中の木の芽や、ドングリや、ときに小動物を食べる豚は、もともと放し飼いにして育てるものです。森にあるもの以外でも、なんでもかまわずに食べる雑食性の豚は、人間の住む家の近くで残飯を与えて飼育することもできますが、いずれにしても豚という動物は、定住して農業をやりながら暮らす人びとが飼うものなのです。

誇り高い遊牧民族にとって、規律ある行動をとることのできない、地べたを這《は》いまわって残飯でもなんでもかまわず食べる節操のない豚は、小心者の農民にはふさわしいが、自分たちにとっては唾棄《だき》すべき存在だ、と考えたのかもしれません。

肉食の禁忌に関する宗教的な戒律を、社会経済史的に、あるいは動物生態学的に解釈すれば、いちおう以上のような説明をすることはできますが、たとえ戒律の成立する背景にはそうしたさまざまの社会的な要請や物理的な条件があったにせよ、彼らはそれを実利的な観点からのみ取捨選択して規定に反映させたわけではありません。

ユダヤ教は、肉食に関する実にこまかい規定をもっています。それらは『旧約聖書』の「レビ記」の記述にもとづくものですが、陸上に棲む動物としては、まず以下のものが、穢《けが》れた存在であるからその肉を食べてはいけない、と書かれています。
（1）反芻しない動物、または蹄が完全に分かれていない動物（註＝ブタ、ラクダ、イノシシ、ウマ、ロバ、ノウサギ、イワダヌキ……）
（2）四本の足で地上を這いまわる動物（註＝モグラ、トカゲ、ネズミ……）
（3）四本の足で地上を歩く動物のうち、足の裏の膨らみで歩くもの（註＝ネコ、ライオン、キツネ、オオカミ……）

なんだか動物学の分類の授業みたいですが、豚は蹄が完全に分かれているが反芻をしないからダメ。ラクダは反芻をするが蹄が分かれていない（指になっている）からダメ。

逆に、食べてよいものは、蹄の割れ目が完全に分かれていてかつ反芻をする動物です。反芻をする動物はすなわち硬い草を食べる動物であり、乾燥地帯の草原でともに暮らすのが容易な動物たちでした。レビ記が成文化された紀元前五世紀の頃、ユダヤ人たちはウシ、ヒツジ、ヤギ、という三種類の偶蹄目《ぐうていい》の反芻動物を飼っていたといわれています。

レビ記の分類は、まず豚を排除するために反芻の有無という基準を設け、次にラクダを排除するために蹄の基準を設けたのではないか……ともいわれますが、そこまでして厳密な区別をつけようとしたのは、自分たちが周辺の他の民族とは一線を画す特別な存在であり、穢らわしいものからいっさい免れた高貴な選民である、という意識を植えつけるためだったのでしょう。もともとは現実におこなわれている食習慣をほぼそのまま追認した内容であったとしても、いったんその文言が宗教的な戒律として確立されると、たとえば豚を食べないことは、ただ習慣的に食べないのではなく、みずからのアイデンティティーを確認するために積極的にその禁忌を選び取る、気高い行為になるのです。

なお、ユダヤ教でもイスラム教でも、ウシやヒツジなど食べることが許されている肉類の場合も、かならず聖職者がお祈りを捧げてから解体した肉でなければ口にすることはできません。正しい儀式に則《のっと》って処理された肉にはその旨の表記があり、敬虔《けいけん》な宗徒はそれを確認しない限り店で肉を買うことは決してしないのです。

ウロコのない魚

ユダヤ教では、このほかにもさまざまな食べかたに関する規定をもっています。

私が大学を出たての頃、フリーターとして旅行ガイドや通訳をやっていたときのことですが、アメリカから毎年やってくるビジネスマンの中に、敬虔なユダヤ教徒がいました。いつも仕立て下ろしのバリッとしたスーツを着こなしたお洒落なニューヨーカーで、聖職者のように頭に特別な帽子を載せているわけでもないので、一見したところはわかりませんが、この人が筋金入りのユダヤ教徒で、戒律には厳密にしたがっていました。

ユダヤ教の戒律は、食以外にも生活のさまざまな面にわたっています。

彼らの休日は安息日と呼ばれ、金曜日の日没からはじまって土曜日まで続きますが、安息日には、いっさいの「ものを生み出す行為」をやってはいけない、というのが決まりです。この日は、創造者が、人間など生きとし生けるものを創りだした一週間のあと、安息を取った日であり、畏《おそ》れ多くも私たち人間は、それに類似するような行為はいっさい慎むべきだ、というのです。

安息日は一日中休みですから、ヒマがあるとしたくなることがいろいろありますが、まず、セックスをするのがいちばんいけない。それは子供を創造する行為だからです。

火を熾すことも、いけません。なにもないところにエネルギーを創りだす行為ですから。

したがって、安息日には火を使った料理をしてはいけない。

そのため、ありあわせの材料でサンドイッチをつくるか、前日につくった料理を冷めたまま食べるのがふつうでしたが、タイマーつきのオーブンや電子レンジが普及してからは温かい料理が食べられるようになったといいます。安息日でも、機械が勝手に動き出して温めるのなら、人間はなにもしていないのだから構わない、ということのようです。

自動車を運転する行為も、やってはいけないことのひとつだそうです。火を使うことに類するという解釈でしょうか。

ニューヨークの市内に住んでいる彼は、かつてニューヨークが歴史的な大雪に見舞われたとき、たまたまボストンだかボルチモアだかで仕事をしていたのですが、雪がひどくなりそうだというので商談を途中で止めて帰路を急ぎました。でも、雪と渋滞でクルマがなかなか進みません。運の悪いことに、それは金曜日の夕方でした。

ユダヤ教徒は、金曜日の日没とともに安息に入らなくてはいけないのです。そのまま土曜日の日没まで、なにもせずに、ひたすら瞑想《めいそう》して過ごすのが正しいユダヤ教徒のありかたとされています。もちろん、ふだんの彼はいつもそうしています。

だんだん、日没の時間が近づいて、あたりが暗くなってきます。暗くなるのはかまわないのですが、もしこのまま安息日に突入したら、クルマの運転ができなくなります。そして、恐れていたように、彼のクルマは、もうあとちょっとで橋を渡れば市内に入る、という地点で、渋滞に巻き込まれたまま日没の時間を迎えてしまったのです。

結局、彼はかろうじて日没時間の寸前にクルマを路肩に寄せて停め、激しく降りしきる雪の中を、セントラルパークの近くにあるマンションまで歩いて帰ったそうです。

その彼は、いつも胸のポケットに小さなメモをしのばせていました。

見せてもらうと、

「この魚にはウロコがありますか」

と日本語で書いてある。

ユダヤ教徒は、ウロコのない魚を食べてはいけないのです。水中に棲む生き物のうち、すべてヒレとウロコのないものは食べてはいけない、と「レビ記」に書かれています。理由については、フグを食べて死んだ人がいたので禁じられるようになったのだとか、さまざまな説がありますが、これもはっきりとしたことはわかりません。

彼は、アメリカでも地方都市に出張すると、ユダヤ教の儀式に則って解体した肉類を扱う店がないので困る、といっていました。その点、日本は魚が豊富だから、正しい肉はなくても魚さえ食べていればなんとかなる、というのですが、その魚で警戒するのが、ウロコの有無なのです。ヒレについてはメモには書いてありませんでしたが、ふつうの魚のかたちをした魚にはたいがいヒレがあるので、エビやタコやイカなどを避けさえすれば大丈夫、という判断のようでした。

「この魚にはウロコがありますか」

彼は日本の料理店で魚の料理を注文するとき、かならず胸のポケットからこのカードを取り出して仲居さんに見せます。もしウロコのない魚だったら、すぐに注文を撤回しなければなりません。

突然、この魚にはウロコがあるか、と聞かれて、仲居さんは戸惑います。

「へえ、ウロコねえ。そんなこと、考えたこともなかったわね」

事情を聞いて、それが大変な問題であることは理解しますが、タイやヒラメにウロコがあることくらいは知っているけれど、フグはどうだ、ハタハタはどうだ、と聞かれると自信がもてません。

「お客さん、サンマの塩焼きですよね。サンマは……ウロコがあったかしら」

フグもハタハタもウロコがないので、皮の表面はすべすべしていますが、サンマも同じようにすべすべしています。仲居さんは集まって鳩首《きゅうしゅ》協議しますが、わかりません。

サンマの場合は、実は立派なウロコをもっているのですが、弱くてすぐに剝がれ落ちてしまうので、産地で水揚げしたばかりは銀青色のウロコがきらきらと光っていますが、東京や大阪に運ばれてくる頃にはほとんどが剝落《はくらく》しているのです。

仲居さんのひとりが厨房の板さんに聞きにいってこのときは一件落着しましたが、そう厳密に突き詰めなくても、聞かれたら最初から、ああ、ありますよ、と答えておけば、どうせ料理されて皿の上に載ってくるときはわからないのですから、本人もそのまま安心して食べるのです。

おまかせのコースでハモのお椀が出てきたとき、せっかく夏の京都に来たのにハモも食べないで帰すのはかわいそうだと思い、この魚には立派なウロコがありますから安心して食べてください、といって私は奨めました。すると彼は、きれいな花のように包丁を入れられたハモからは元の姿を想像することもできず、おいしいおいしいといってよろこんで食べてくれました。

この方はもう亡くなられたので白状しますが、戒律のない国のいい加減な人間が、大罪を犯してしまったのではないかと、いまは深く反省しています。

親子丼を食べてはいけない

ユダヤ教では、このほかにもさまざまな禁忌がことこまかに定められています。

ニューヨークには、おもにユダヤ人を顧客とする、デリ（デリカテッセン）という食堂を兼ねた食料品店のようなものが、あちこちにあります。

その中には、一般のニューヨーカーや外国からの観光客にも絶大な人気を誇る有名な店があって、塩漬けの牛肉にスパイスを利かせたパストラミのサンドイッチや、本場のコーンビーフなど、伝統的なユダヤ料理が名物になっています。ヨーロッパでふつう豚を使ってつくるハムやソーセージの類を、ユダヤ人はすべて牛肉でつくるのですが、これがまたおいしいのです。

パストラミやコーンビーフを売っているデリは肉類を専門とするミート・デリですが、もうひとつ、デイリーすなわち乳製品を専門に扱うデイリー・デリというのがあって、この両者は厳密に区別されています。ユダヤ教には、同じ動物の肉と乳をともに食べてはいけない、という戒律があるからです。

家庭でも、ユダヤ教徒は牛肉と牛乳を同時に扱うことは絶対にありません。

裕福なユダヤ人家庭では肉料理用のキッチンと乳製品用のキッチンをそれぞれ別にもっていて、もちろん鍋も皿も、ナイフやフォークもすべて別。肉を載せた皿にはチーズを載せず、ミルクを注いだ鉢には牛肉からとったスープは入れないという徹底ぶりです。

そこまで余裕がない人でも、ゆうべ肉を煮た鍋は、何度も何度も徹底的に洗って、完全に納得してから朝のミルクを沸かすのです。

同じ鍋を両方の調理に使う場合、どのくらい時間的な間隔があけば許されるのか、私はニューヨークでユダヤの人たちに聞いたことがありますが、戒律というのは、何時間経てばいい、何分じゃダメだ、というような、数字で割り切れるものではない、とたしなめられました。鍋を使う人がどう納得するか、それを見ている人がどう納得するか、精神の問題だから、何分経てばハイOKみたいな単純なものではないと。しかし、いくらなんでもミルクが入っていた鍋をざっと洗っただけで肉料理に使う、というような態度が許されないのは当然ですし、牛肉と牛乳が同じ鍋に入っているとか、肉と乳製品が物理的に接触している、などという状況は、死んでも許せないものなのです。

ですから、仔牛《こうし》のクリーム煮など、もってのほかです。

チーズバーガーを食べている人は、ユダヤ教徒ではありません。

『旧約聖書』の「出エジプト記」には、

「仔ヤギをその母の乳で煮てはならない」

という記述がありますが、肉と乳を同時に食べてはならないということは、親と子を同時に食べてはならない、という意味にも繋がります。近親相姦《そうかん》、ないしは母子相姦……のイメージでしょうか。

だから、サーモンの上にイクラを載せて食べるのも、もちろんイクラ鮭《さけ》どんぶりも、当然、鶏肉とタマゴの親子丼も、食べてはいけません。

こんど親子丼を食べるとき、いま自分は親と子を同時に食べようとしているのか……と考えてみてください。

なんだか、いけないことをしているような気分になりませんか。

カーニバルの意味

キリスト教には、特定の肉を食べてはいけないという禁忌の規定はありませんが、ある特定の日や期間内には肉を食べない、という、肉断ちの習慣があります。

ユダヤ教やイスラム教で、食用にする動物を解体するときにかならず祈りの儀式をおこなうのは、かつて生贄《いけにえ》を神に捧げた習慣を受け継ぐものだといいます。

植物は人間の食べものだが、動物は神の食べものである。だから動物の肉はいったん神に捧げてから、そのお下がりを人間がもらう。こうした手続きの設定は、宗教の枠を超えて、肉食を希求しながらもその一方で動物の肉を食べることに対する罪悪感を拭《ぬぐ》い切れないでいる、肉食をする民族に共通する心情をあらわしているようです。

だから、肉を断つことは精神を清浄にすることに繋がり、断食は崇高な行いであると認められるのです。

フランスでは、いまでも社員食堂や学生食堂など、特定の共同体に属する人びとに昼食を提供するような施設では、金曜日のメニューには肉料理がありません。

金曜日はキリストの受難の日なので、その苦しみに心を添わせ、世俗の象徴でもある肉を断って精進するのです。一般の家庭ではもう気にかける人もほとんどいなくなったようですが、ひと昔前までは、金曜日だけはステック・フリットの代わりにたとえばブランダードという、干ダラの身をほぐしてミルクでぐずぐずに煮込んだ伝統的な魚料理などを家で食べる人がかなりいたようです。

冬の終りから春にかけては、四旬節《しじゅんせつ》と呼ばれる肉断ちがありました。

カーニバル（謝肉祭）からイースター（復活祭）まで、キリストが荒野で受けた苦難を偲び、キリストに倣って断食をおこなう、その名のとおり四十日間にわたる精進です。

断食、といっても、日の出から日没まではいっさい食べものを口にしないイスラム教のラマダンと違って、ふつうに食事はするが肉は食べない、という意味ですし、精進といっても日本の精進料理とは違い、精進期間中でも魚やタマゴは食べてよいのです。しかも、四旬節だから四十日間やるのですが、日曜日はその四十日のうちには数えないというのですから、抜け道だらけの精進です。

しかし、それでも食いしん坊の肉食民族であるフランス人にはかなりきつかったようで、中世の頃までは四旬節のほかにもいっぱい精進日があって、一年のうち半分くらいはもっと厳しい条件の肉断ちをしていたというのに、近代に入るとしだいに形骸化《けいがいか》し、いまではカーニバルのときに、ああ、そういえばそんな習慣があったなあ、と思い出す程度にまで、とくに若い世代では忘れられているようです。

四旬節に入る前の日が、カーニバルです。日本語では「謝肉祭」と訳して「肉に感謝する」という意味の漢字を当てますが、もともとカーニバルという語は「肉よさらば」あるいは「肉を断て」という意味の言葉からきたとされ、この日が精進の前に肉を食べ納めするお祭りなのです。

フランスだけでなく、カトリック信者の多い国では各地にカーニバルがあり、もちろんリオのカーニバルも同じ日におこなわれます。この日は「マルディ・グラ」とも呼ばれますが、マルディは火曜日、グラは太った、脂ぎった、という意味です。つまり、この日は最後に残っている肉を全部食べて、肉なんかもう見るのも嫌だ、というくらい脂ぎった肉を食べ尽くして、これ以上思い残すことはない、と諦《あきら》めをつけてから精進に入る日ですから、当然、どんちゃん騒ぎのお祭りになるわけです。

脂ぎった火曜日のあくる日が、灰の水曜日。この日の朝、前の晩に使った鍋に残っている脂をきれいに掃除してから、四旬節に入ります。

虫も殺さない人たち

飲食の禁忌があるのは、いうまでもなくヨーロッパに限りません。

インド人も、けっこう大変です。ヒンズー教徒にとって神聖な牛は別格ですが、その他の動物の肉もいっさい食べないという、厳格な菜食主義者がインドには多いのです。

とくに南インドでは、大半がベジタリアンといってもいいくらいです。また、そのベジタリアンのほとんどは、酒も飲みません。

南インドを旅行していたとき、ドライブの途中で国道沿いの食堂に入ったことがあります。ちょっとお手洗いを借りるために立ち寄ったのですが、そろそろ昼に近い時間だったので、中では大勢の人が食事をしていました。

インドの食堂では、入ってきた客はまず店の一角にある洗面台のところへ行き、よく手を洗います。それから席に着いて、注文したカレー（のようなもの）とライスを、指先でつまみながら食べるのです。食堂のまんなかに大きなテーブルが置いてあって、みんなそこに集まって食べています。

インドはどこへ行っても人が多いのですが、この店も混みあっていて、テーブルを囲んで食事をする人びともたがいの肘がぶつかりそうな窮屈さです。外から見ると大きそうな食堂なのに、どうしてこんなに狭いのだろう。

そう思って店内を見まわすと、実は、四方の壁沿いがすべて個室になっていて、中央の大きなテーブルは個室に囲まれた中庭に置かれているような、不思議な構造になっていたのです。

個室、といえば聞こえはいいが、完全な扉で仕切られた部屋ではありません。ドアは、天井と床面のそれぞれから数十センチくらい隙間が空いたスイングドアで、中の客が立てば頭の先と足もとが膝くらいまで見える、電話ボックスのようなつくりです。が、スイングドアは太い木の柱にしっかり取りつけられ、扉も分厚い板なので、最初は部屋の壁面がすべて板張りになっているのかと錯覚したのでした。

見ていると、店内に入り、手を洗うと、そのまま壁際の小部屋に入っていく人たちがいます。たいていは三人とか、四人とか、グループになった男たちですが、なんとなく周囲の視線を気にするような、こそこそとした素振りです。

ガイドの人に聞くと、そこはアルコールを飲む人のためのドリンク・ブースだということでした。外からは足もとしか見えないので、中でなにをやっているのかはわかりませんが、帰る客がスイングドアを開けたときに、テーブルの上に空になったグラスとビール瓶が見えました。

酒を飲んではいけない、というのは、法律で定められた規則ではありません。飲んでも罪になるわけではなく、罰則もありません。が、それは、宗教的な戒律……というよりむしろ、ある種の道徳的な規範に近い、人びとがみずからを律する行動基準のようなものとして受け取られているようです。

酒を飲むときに顔を隠すのは、他人に見られると恥ずかしい、という感覚があるからでしょう。田舎の狭い村のことですから、酒を飲んだことが知られてみんなに後ろ指を差されることもあるのかもしれませんが、狭い村ならなおさら、誰が酒を飲むかはすでに知れ渡っているはずです。頭隠して尻隠さず、ではありますが、それでも酒を飲んでいる姿をあからさまに見られたくないというのは、やはり本人にどこかやましい気持ちがあるからではないかと思います。

もっとも、南インドでも、富裕階級の家に招かれると、遅い夕食がはじまる前に、えんえんとお酒を飲んで時間を過ごすのが慣わしになっています。ワイン、スコッチ、ブランデー、なんでもアリの酒宴です。なにかを祝うパーティーがあるというと、招かれていない人までが大勢やってきて盛り上がるのです。酒はふだん飲めない高価なものであるだけでなく、本来ふだんの生活では飲んではいけないものであり、だからたまの無礼講に禁忌が解かれるという仕組みは、日本も含めて世界の多くの社会にあったものです。

菜食主義の場合は、酒よりも少し宗教的な色合いが強くなりますが、それでもインドの場合は、イスラム教やユダヤ教が豚肉などを禁止するのとはちょっとニュアンスが異なるようです。

インドの場合、全般的な肉食の禁忌は、経典に書かれているから実践する、あるいは社会的な要請があるから従う、というのではなく、もっと内在的な、自発的な自己規制からくるもの、と考えたほうがよさそうです。もちろん、その根底にはインドで生まれた仏教の思想が横たわっているわけですが、そう考えてみると、動物の命を絶つこと、しかもその肉を食らうことは、はっきりした理由は説明できないとしても、人間として「やってはいけないこと」なのかもしれない……という感覚は、私たち日本人にも理解できるものではないでしょうか。

すべての生命をあまねく尊重する、という考えをおしすすめていくと、動物の肉ばかりでなく、植物も食べることができなくなります。哲学的なインドの行者のなかには、精神的な修行のために完全に近い断食を定期的にやる人も少なくありませんが、そこまでいかなくても、植物の、葉や実は食べるけれども根は食べない、という人たちがいます。

ジャイナ教という宗教がそれで、ジャイナ教の信者たちは、金属でできた杖《つえ》をついて道を歩いています。杖の上部には輪のようなものがついていて、杖の先が地面に触れるたびに、カシャ、カシャとその輪が音を立てるのです。その音を聞いて、近くにいる虫たちが避難するように、地中にいる虫たちが出てこないように、そうやって無用の殺生を避けるために、杖をついて歩くのです。

ジャイナ教徒は、ニンジンもダイコンも食べません。ナスとか、キュウリとか、ホウレンソウとか、枝に実る野菜や葉っぱなどは食べてもよいのですが、根菜は食べてはいけないのです。実や葉なら採ってもその植物は死なないが、根を食べてしまったら死んでしまう、というのがその理由です。

街で見かけるジャイナ教徒の多くは、腰布だけの裸か、みすぼらしい弊衣をまとった、行者のような風貌《ふうぼう》で音の出る杖をついていますが、実はジャイナ教徒はきわめて有能な商人として知られており、商業で成功して豊かな暮らしをしている人が多いのです。

その理由は、ジャイナ教徒は正直で、絶対にウソをつかない、とされているからだそうです。口先だけでうまいことをいったり、法外な高値を吹っかけたり、できもしないことを請け合ったりというような、商人にありがちな駆け引きをいっさいしない、つねに誠意をもって正直に交渉するその真面目な態度が取引相手の信頼を得て、最終的には成功をおさめる……というのがジャイナ教徒の商売のやりかただそうですが、やはりその裏には、虫も殺さず、植物の命も絶たないという彼らの思想とその戒律を守る姿勢が、宗教の枠を超えておおかたの人びとの共感を得るという、インドならではの精神的土壌があるといえるでしょう。

すき焼きの食べかた

もちろん、菜食主義が成立するのは、そこに豊富な植物があるからです。亜熱帯から熱帯に属する温暖で湿潤な気候に恵まれ、そこでは多様な植物が季節を問わずに繁茂しています。それらをうまく組み合わせて食事を構成すれば、人間にとって必要な栄養を過不足なく摂取することができるのです。地球上で、菜食で生きることが可能な植生をもつ地域は限られます。宗教が先か風土が先かは別として、南インドがその数少ない地域のひとつであることはたしかです。

寒く長い冬をもつヨーロッパでは、そうはいきません。いくら貧しい暮らしでも、塩漬け豚の脂身くらいはなければ、キャベツとタマネギだけで冬を越すわけにはいかないのです。

動物性たんぱく質は、食べるとからだが温まります。だから寒さの厳しい北国では肉がなければ冬を過ごせませんし、寒ければ寒いほど多くの肉が必要になります。

もしイスラム教がロシアで発祥していたら、酒を飲んではいけないという戒律は生まれなかったでしょう。酷寒の土地では、肉がたくさん必要なだけでなく、からだを温めるアルコールも必要です。まあ、必要があるからという理由で飲みはじめても、かならず必要以上に飲んでしまうのは問題ですが。

キリスト教が、もし地中海の東海岸あたりに留まったままであったら、いまでも肉断ちの戒律はやすやすと守られていたに違いありません。少なくともイスラム教のラマダンくらいのレベルで、いまも実際の断食がおこなわれていたことでしょう。

フランス人が四旬節の前にカーニバルの大騒ぎをしなければ肉を断つ決心ができないのは、それなりに必死の覚悟でもあったのです。二月の中旬ともなれば貯えてあった塩漬け肉もそろそろ底をつく頃で、どうせあとわずかしか残っていないなら一気に食べてしまえという、やけっぱちな気分もカーニバルには作用していたかもしれませんが、少なくともそれまでのもっと寒い季節には肉が食べられたわけですし、四旬節に入っても、毎週日曜日には肉が食べられるという安全弁が設けてあります。

風土に合わせて戒律の運用が工夫されたのか、もともとあった戒律の幅が広い範囲の風土にうまくあてはまったのか、飲食に関する禁忌の問題は、精神的な納得と生命の維持の折り合いをどうつけるかにかかわってくるので、ときにはたくまざる微妙な調整も必要になるようです。

インドでも北部では、肉を食べることがふつうにおこなわれています。タンドリ窯《がま》で焼いた鶏や羊など、北インドの料理には欠かせないご馳走です。インドの北部は、一部地域を除いて、かならず肉を食べなければ生きていけないほど寒くはないのですが、肉食の習慣はムガール帝国の時代に西方から伝わってきたもので、それが支配階級を中心に定着したといわれています。北部は小麦の栽培が中心でおもにパンを食べ、南部ではコメを栽培して食べるという主食の違いや、イスラム教と仏教の影響力の範囲など、南北の食習慣の違いにはさまざまな要因が絡んでもいるようです。

日本にも、仏教による肉食の禁忌は伝わってきました。私たちはもうすっかり忘れてしまっていますが、明治維新までは、いわゆる四本の足をもった動物の肉は食べてはいけなかったのです。

それでも、冬の寒さが厳しい土地では、戒律をかいくぐって肉を食べることがおこなわれており、生きるために必要な行為として、なかば公然と認められてもいました。

山国では、冬にからだを温めるために、ウサギ汁やタヌキ汁を食べたものです。ウサギを一羽、二羽と数えるのは、あれは二本足で跳ぶから獣ではなくて鳥の仲間だ、といって獣肉食の禁忌の対象から外そうとした強弁である、ともいわれます。そんなふうな理由をつけてでも、動物性たんぱく質が必要だったのでしょう。

信州の諏訪《すわ》大社は、いまは「七年に一度」（五年の間隔を置いて）おこなわれる豪快な御《おん》柱祭《ばしらさい》で有名ですが、同じく山のカミにかかわる神事として、御頭祭という祭りごとをおこなう伝統もあります。生贄を捧げて狩猟の無事を祈る山の民の祭りで、かつては鹿の頭部だけがずらりと神社の軒下に並んだ奉納の風景が見られたそうです。

山国では動物の肉を食べなくては生きられないことから、諏訪大社は鹿食免《かじきめん》という名前の獣肉を食べることを許す免許状を発行し、人びとが冬のあいだ、鹿に限らず狩で獲った動物の肉を食べることを公認したのです。鹿食免の発行にともなって、氏子たちには、この箸でなら肉を食べてもよい、あるいは肉を食べるときにはこの箸を使わなければならないという、鹿食箸という特別な箸が下賜《かし》されました。最近は、ジビエ料理のブームにあやかって、鹿食免や鹿食箸を復元して地域おこしを試みる動きもあるようです。

明治維新を契機に、仏教による獣肉食の禁忌がなくなり、日本人は牛肉などをおおっぴらに食べるようになったわけですが、それまで長いあいだ食べたことがなかった割には、牛鍋やすき焼きなど、新しい牛肉メニューは急速に人気を得て広まりました。ふつう、禁止されていた食べものをはじめて口に入れるのは誰にも抵抗のあるものですが、日本人の新しいもの好き、というだけでは説明しきれないこの現象の裏には、公式にではないが実際には抜け道として許されていた、山国における肉食の伝統があったといわれています。

明治の初めの頃、家ですき焼きを食べようというときには、神棚に紙を張って目隠しをした、という話が各地に伝わっています。許された、といっても、やはりカミサマに見られていると思うと食べにくいのでしょう。

仏教の禁忌をなぜカミサマが見張るのかという、日本独特のカミもホトケもない世界はともかく、食べるところさえ見られなければよい、見られなければなにをやってもよい、という、これまた日本的なご都合主義は、明治以降の爆発的な食文化の開放にも繫がっているものと思われます。

犬と馬とクジラの問題

中国の南部と韓国など、東アジアの一部地域には、犬を食べる食文化があります。雑誌の取材でベトナム南部のホーチミン市に行ったとき、案内をしてくれた旅行社の人が北部の首都ハノイの出身で、こんどは北のほうにもぜひ取材に来てください、ハノイには道の両側にずらりと犬肉料理店が並んでいる食堂街がありますから、というのを聞いて、ベトナムの北部にも同じ習慣があることを知りましたが、日本の雑誌で紹介するのは無理でしょうね。

韓国では、梅雨どきの湿気で体調が悪くなったときなどに、精をつけるために犬肉を食べに行くのだそうです。

犬肉料理店は、都心にはあまりないようですが、郊外へ行くと、補身湯《ポシンタン》、と書いた看板を出す店をあちこちで見つけることができます。身体を補強する湯（スープ）というのですから、精力増強・健康増進のための、薬膳の一種といっていいのかもしれません。

犬の肉には独特の匂いがあるので、エゴマなどの強い香りをもつ薬味をたっぷり入れて煮込みます。肉は、噛み切れないほどではないが決して柔らかくはなく、それほど旨みがあるわけでもありませんが、食べているうちにからだの中から熱くなってくる感覚があり、たしかに精力がつきそうです。そのせいでしょうか、犬肉を食べに行くのは男性に限られ、女性客の姿はほとんど見かけません。今夜は犬を食いに行くぞ、というと、まわりの男たちはニヤニヤと意味ありげな薄笑いを浮かべるのです。

同じように男性ばかりが食べに行き、周囲からも似たような反応が示される食べものに、沖縄のヤギ料理があります。

沖縄では、ヤギは皮つきのまま刺身で食べることもありますが、ヤギ料理の店で男たちが食べるのはもっぱらヤギ鍋です。犬の肉にエゴマを使うように、ヤギの肉も匂いが強いので、フーチバーというヨモギの葉をたくさん鍋に入れて煮るのが慣わしですが、それでも肉の強い匂いが消えるわけではなく、ヤギ鍋の店のドアを開けると強烈な匂いが全身を襲います。が、ヤギ鍋も食べているうちから手や顔が脂ぎってきて、全身に精気がみなぎるのを感じます。

しかし、ヤギの肉は、食べようとするとなにか下心があるのではないかと勘繰られることはあっても、食べていけない肉だという感覚は周囲にも本人にもありません。

ヤギは、羊に較べるとランクはだいぶ落ちますが、ヨーロッパでも昔から食用になっており、いまでも北イタリアや東欧などでおいしいヤギのローストに出会うことがしばしばあります。

それに対して、アジアではヤギと同じような位置づけであるはずの犬肉は、欧米社会では決して口にしてはならないものとされています。

どこまでが食べてよい動物で、どこからが食べてはいけない動物なのか。

ペットとして飼っている動物を食べるなんて考えられもしない、という一般的な感覚がある一方、ペットとして飼っている動物を時期がきたら食用にする、あるいは、食用にするための動物をペットとして飼う、という考えもあり得ます。

ペルーのアンデス高原に住む先住民の家族は、食用にするテンジクネズミ（モルモット）をベッドに入れて抱きながら寝るほどかわいがっていますが、食用の牛を育てる日本の畜産農家だって、愛犬に注ぐのと同じくらいの愛情を牛たちに注いでいるはずです。

その動物がどのくらい人間と近しい関係にあるか、その動物がどのくらい人間に近い知性をもっているか、といった基準も食用の対象としてよいかどうかの判断基準とされることがありますが、縁の遠い奴は食べてもよいとか、頭が悪い奴なら食べてもよいとかいうことになったら大変です。

だからこの種の議論はどう展開しても決着はつかないのですが、犬をパートナーとして羊の群れを管理する社会から発した欧米的な価値観を基準にしたライフスタイルが世界を覆うようになってくれば、羊を食べることは咎《とが》めなくても犬を食べることは咎めるようになるのは止むを得ないことかもしれません。

韓国では、ソウルオリンピックの直前に、犬肉料理の店を街からなくそうという運動が起こりました。欧米を含めて世界中から観光客がやってくるので、韓国人が犬を食べることがおおっぴらに知られるのはうれしくない、と感じたのでしょう。

私が韓国で補身湯を食べたのはそのあとですが、その頃はもうごくふつうに店は復活していたようです。が、それでも犬肉を食べに行こうというときの韓国人の表情には、なんとなく、いけないことをやるような、やや屈折した表情が見えるようにも感じました。

フランスでは、馬肉を食べます。馬も、人間との近しさ、有用性、頭のよさ、感情の通い合いなど、欧米的な基準からいけば決して食べてはいけない動物のひとつで、実際、馬の肉を食べることには心理的な抵抗があったようです。

が、フランス革命のあとの混乱期に食料事情が逼迫《ひっぱく》した際、ナポレオンが戦場で死んだ馬の肉を食用にすることを許し、それまで禁じられていた馬肉食を解禁したのです。その後ほどなく正式に馬肉の市場取引が認められ、一八七〇年にパリがドイツ軍に包囲されて籠城《ろうじょう》したときは、多くの馬が処分されてやむなく市民の腹におさまったのでした。

いまでも、パリの街には馬肉専門の肉屋さんがあります。だんだん数は減ってきているようですが、真っ赤な看板に金色の馬の頭の作りものを飾るのが決まりなので、見ればすぐにわかります。

馬の肉は、安く買える庶民的な肉として一部の家庭ではいまも食べられていますが、フランスでは決してレストランのメニューにのぼることはありません。よく知られているように馬肉は脂肪の少ないヘルシーな赤身肉ですが、どんなに健康志向やダイエット熱が高まったからといって、ダイエットをやるような経済的な余裕と知的な情報感度をもつクラスの人びとが、おおっぴらに馬肉を食べるようになることは考えられません。

食に対する禁忌ないし不寛容の問題は、人権の問題や弱者の保護の問題などと同様、時代と社会の変化に応じて受け取りかたが変わってきます。しかも、あらゆる分野におけるグローバル化を反映して、特定の地域に伝えられてきた固有の食文化さえ、グローバルな文脈で読み直されることが避けられない状況になりつつあります。

私たち日本人は、犬こそ食べませんが、馬は食べますし、そのうえ、昔からクジラも食べてきました。が、馬やクジラを食べるときに、バツの悪そうな顔をする人は見たことがありません。

韓国人の犬肉に対する、あるいはフランス人の馬肉に対する態度を考えると、日本人は禁忌に対する感受性、つまり、これは食べてはいけない、これを食べるのはまずいだろう、という感覚が、まったく働かない民族なのかもしれません。

いまや日本人は、誰の視線を気にすることもなくあらゆるものを平然と食べる、まったく禁忌を意識しない無敵の民族となったようです。

日本にも、フグを食べて死ぬ者が多かったことから、フグを食べることが禁じられていた時代がありました。いまはしかるべき技術を認定された調理者が有毒部分を除去すれば食べてよいことになっていますが、ときどき私は、皿の模様が透けて見えるほど薄く切った刺身を食べながら、フグは天下一品の美味ということになっているが、この魚は本当にそんなにうまいのだろうか、と自問することがあります。

おそらくそれは、私があまり上等なフグを食べたことがないか、あるいはついついポン酢をつけ過ぎてフグ本来の味を殺してしまっているかのどちらかだと思いますが、そう自問しながら、フグが美味だとされてきたのは、これを食べたら死ぬといわれて誰も食べることができなかったからだ、という、昔からある俗説を思い出すのです。

茶断ちとか、酒断ちとか、願い事が成就するまでは好きなものを断つ、といってみずからに禁忌を課したことも昔はありました。好きなものが食べられないのは辛いことですが、願いがかなって晴れてそれを口にしたときには、ただの水さえ無上の甘露と感じられたことでしょう。もともとの動機がなんであるにせよ、食の禁忌というものはある意味で、平板に流れる日常を刺激して生活にメリハリをつけるひとつの仕掛けとして、これからも活用できるかもしれません。

こんど食事をするとき、目の前に並んだ皿の中から、ひとつだけ、これから半年間食べてはいけない、というものを選んでみてください。

実際にやらなくてもいいのです。半年間、食べてはいけない……そう、想像し続けるだけで、その食べものはあなたにとって特別な意味をもつことになるでしょう。

カレー断ち、ラーメン断ち、ハンバーグ断ち、ケーキ断ち。

宗教的な禁忌もなくなった、現代的な禁忌の感覚もあまり感じない、なんでもアリのいまの日本には、断ってもいいものがいっぱいありそうですね。

第六時限　食の仲間

親しい仲間といっしょに食事を楽しむ……というイメージを描くとき、日本人の頭に浮かぶのはどんな情景でしょうか。

季節にもよりますが、いちばん多いのは、鍋を囲むシーンではないかと思います。

友人たちと囲む焼肉だとか、家族みんなでやる手巻きずしだとか、それぞれに思い浮かべるパーティーの情景は違うかもしれませんが、食卓を中心にして仲間や家族が集い、まんなかにある食べものをみんなで調理しながら食べる……という形式が、おそらく日本人のハートをつかむのでしょう。とりわけ食卓の中心に火を据えて囲む鍋料理は、日本人のだんらん風景を象徴するものと感じる人が多いようです。

同じ質問をフランス人にすれば、円卓を囲んで食事をする風景、と答えると思います。

テーブルには四角いテーブルと丸いテーブルがありますが、四角いテーブルがどちらかというとよそよそしい、あるいはどこかフォーマルな印象を与えるのに対し、円卓には、家族的な、仲間うちの、カジュアルで親密な雰囲気があります。公式の晩餐《ばんさん》にはかならず四角いテーブルが使われますし、家庭でも、お客様を招くときは応接スペースにある四角いテーブルを使いますが、家族がふだん食事をするときに使うのは台所にある小さな円卓です。また、最近流行のレストランでは、高級であってもカジュアルな気分を演出するためめに、わざわざやや低めの丸いテーブルを用意するところが多いようです。

座る場所によって上下の位置関係が生じる四角いテーブルに対して、円卓はより平等な等間隔の距離感を保証するので、親密な気分を醸し出すのに役立つのかもしれません。

鍋を囲む情景

しかし、フランス人の食卓には、それがいくら丸いテーブルであっても、鍋を載せる火はありません。

ヨーロッパでは、壁際に設けた暖炉で調理をする、ということはすでにお話ししたと思います。石やレンガを積み上げて強固な壁をつくり、その壁で屋根と全体の構造を支えるのが西洋式の家の建てかたです。

それに対して、日本では、家のかたちに沿って何本もの木の柱を立て、その木の柱のあいだを泥や漆喰《しっくい》で塗り固めて壁をつくるのです。

西洋式の壁構造の家を暖めようとする場合は、壁そのものに熱を伝わらせるのがもっとも効率的な方法です。部屋の壁の下のほうの適当なところに火床をつくって火を焚き、その上に穴を開けてそこから長い管を壁の中の空洞や天井の梁《はり》にめぐらせれば、たちのぼった熱気は部屋の全体をゆっくり確実に暖めます。

しかし、石やレンガなどの耐熱性のある壁材ならそれが可能ですが、日本式の柱づくりの家でそれをやったら、たちまちのうちに火事になってしまいます。木と紙と泥でできた日本の家の場合、火を焚くとしたら家のまんなかで焚く以外に方法はないのです。

たとえば、モンゴルの遊牧民が寝泊りするゲルと呼ばれる移動式の住居は、円周に沿って立てかけた木の柱に羊皮を張り、できた空間の中央に炉を切ります。炉の真上は吹き抜けになっていて、排煙がそこから外に出るように工夫されています。部屋の中で火を焚くには、これがいちばん安全な方法でしょう。

日本のような柱づくりの家は、朝鮮半島から中国を含む広い地域に存在していて、そうした家では部屋の中央に切った炉に自在鉤《かぎ》をかけるような火床の例が見られます。暖房にも調理用にも使う火床ですが、地域的にもう少し北のほうへ行くと、壁構造の家が主流になります。より寒冷な地域では、部屋のまんなかで裸火を焚くより壁全体に暖気を通すほうが室温を上げることができますから、調理だけでなく暖房にもウエイトがかかった構造になるわけです。

フランス人の食卓に鍋を載せる火がないのは、家が壁構造だからです。

壁に沿ってつくられた暖炉で調理をするのですから、天井から自在鉤で吊るした鍋でシチューを煮ても、その鍋を周囲三百六十度からみんなで囲むわけにはいきません。

私は学生のときイギリスの家庭に数ヶ月間下宿していたことがありますが、その家には古い暖炉がありました。いまから四十年も前のことなので、まだコークスをくべて火を焚いていました。

その家には、暖炉に負けないくらい古い……お婆さんがいて、いつも曲がった腰をさすりながら暖炉にコークスをくべようとしては取り落とし、あたりを真っ黒けにして息子に叱《しか》られていましたが、そのお婆さんはいつも、最近の子供たちは、暖炉の前に座ってもテレビばかり見ている、と嘆いていました。

その家では暖炉のマントルピースの上にテレビが置いてあるので、暖炉の前のソファーや肘掛け椅子に座っても、全員の視線がテレビに向けられる。テレビがなかった頃は、暖炉の火にあたりながら、たがいに顔を合わせて話をしたものなのに……。

もう暖炉を使っていない家庭でも、炉床に電気ストーブを置くなどしてみんなで暖をとることがありますが、そういう家でもたいていマントルピースの上にテレビが置いてあるので、家族全員の視線が一方向を向いてしまう。このことを嘆く論調が、雑誌などでもよく取り上げられていたことを覚えています。

しかし、彼らが暖炉の前に集まるのは、夕食が終わったあとなのです。

決して、全員が暖炉を半円形に囲んで、そこで食事をするわけではありません。

シチューの鍋は、台所で煮込んで、食堂のテーブルに運ばれます。台所の隅に置いてある円卓で食事を済ませるなら調理と食事の場はもっと近いことになりますが、それでも鍋はいったん火から下ろされ、そこで各自の皿に盛られるか、もしくは食卓の上まで運ばれて、そこで各自に分けられます。鍋（または鍋の中身を移した容器）を食卓のまんなかに置いて自由に取れるようにすることがあったとしても、子供たちが勝手に手を出すことを許す家庭はいまでも少ないと思いますし、まして、食卓のまんなかに火を持ち出し、それに鍋をかけて調理しながら食べることなど、思いつきもしないのです。

暖炉の火で調理をしていた昔なら（だいたい「暖炉」と書けば「暖房用の炉」という意味になるわけで、かつては調理用にも使われていたことじたいが忘れられている、ということになりますが）、できあがったシチューは鉄の鍋から陶器の大鉢に移され、それから別室の食卓に運ばれたことでしょう。

それに較べると、日本の鍋料理は、なんと大胆かつ斬新《ざんしん》な試みでしょうか。

食事をともにする者たちが全員、火を囲んで集まり、調理をしながら、その進行中にできあがった部分から、順次食べていく。そして、最後に締めのうどんか雑炊を食べることで、調理が終了すると同時に食事も終了する……。

フランスでも、たとえば南仏名物のブイヤベースなど、鍋を囲んでみんなで食べることがありますが、これはあくまでも野外の場合。浜辺で火を焚いて鍋をかけ、獲れたての魚介類をサッと煮て食べるのです。昔はよくそんなふうにして日曜日などに家族で食べたものだといい、古い写真も残っていますが、それを見ると、五徳に載せたブイヤベースの鍋を囲んで家族の全員が集まり、お父さんが鍋からスープを各自の皿に注いでいます。

そう、ブイヤベースは深皿の底に乾いたパンを置き、その上からスープを注いで、さらに魚片を加えたりして食べるのですが、いうまでもなくお父さんが取り分けているのは調理が済んだ魚介入りのスープで、調理をしながら食べるわけではありません。

海鍋と山鍋

日本でも、いまのような鍋料理が昔からあったわけではありません。全員参加で調理中に食事をするという特異な形式は、むしろごく最近の発明と考えたほうがよさそうです。

柱づくりの日本の家では、部屋の中心に炉を切りました、いわゆる囲炉裏という、床を四角く切り出してそこで火を焚く装置です。かつてはそこで、加熱にかかわる調理作業のほとんどをおこなっていました。

このような炉に鍋をかける場合は、丸底の大きな鍋を、火床の灰に刺した五徳の上に置くか、天井から下げた自在鉤に吊るすかして、加熱しました。が、こうしてつくる鍋料理は、鍋とは呼ばず、汁と称したものです。

今日の鍋料理でも、汁（鍋の中のスープ）に最初から濃い味をつけておいて、そこから取り出した具をそのまま（別の味を加えずに）食べるタイプの鍋と、汁は昆布出し程度の薄味にしておいて、取り出した具を別の（濃い味の）タレにつけて食べるタイプの鍋があります。ふぐちり、しゃぶしゃぶ、水炊きなど、代表的な現代の鍋料理はすべて後者のタイプです。

もともと、農家の囲炉裏でつくっていたのは、はじめからひとつの味をつけて煮るものでした。ほとんどの材料を最初から鍋の中に入れ、味噌か醬油で濃い味をつけ、ぐつぐつ煮込んで食べる鍋。味つけをするのは一家の台所を取り仕切る女主人で、土間から見て囲炉裏の右側に位置する「嬶座《かかざ》」または「鍋座」といわれる場所がその定位置でした。

食べる人は、客であれ家人であれ、女主人が味を決めた汁をよそってもらって食べるだけです。考えてみればこれはほかの料理と同じで、シチューだってカレーだって最初からその家で料理をつくる人が味を決めるもので、食べる人が食卓で勝手に味をつくり直して食べるものではありません。

私は、作り手がはじめから味を決めるタイプの鍋を「山鍋」と呼び、食べ手がタレの濃度を調整するなどして自分好みに味を変えることのできる鍋を「海鍋」と呼んで区別しています。これは私の造語で、海鍋だからといってかならずしも海の幸を材料にするとは限りませんが、魚介類を使用する頻度は海鍋のほうが高いかもしれません。

海鍋の特徴は、薄い味のだし汁の中へ、材料を、全部いっしょにではなく、種類ごとに時間差で投入し、火が通りしだい引き上げて食べること、また、材料を入れたり引き上げたりする作業は原則として食べる人がおこなうことです。つまり、食べる人がそれぞれ自分で料理をつくりながら食べる。ときにあれこれうるさく指図をする「鍋奉行」があらわれることはありますが、「鍋奉行」は「嬶座」の女主人と違って、公式に認められた料理人ではありません。

今日、日本の家庭で鍋料理と考えられているものは、大半が海鍋ではないでしょうか。親しい仲間といっしょに食事を楽しむ……というイメージを描くときに日本人の頭に浮かぶ、食卓の中心に火を据えて囲む鍋料理というのは、各人が勝手に味をつけながら食べるタイプの海鍋であり、それが日本人のだんらん風景を象徴しているのです。

秋田には、日本を代表する鍋料理がふたつあります。きりたんぽ鍋と、しょっつる鍋。きりたんぽは山鍋の代表で、しょっつるは海鍋の代表です。

きりたんぽというのは、炊いたコメを半殺しにして（完全に餅《もち》状にはしないで米粒の形状が少し残るくらいに潰《つぶ》して）、杉の木の棒のまわりに塗りつけて囲炉裏の直火で炙ったもの。表面にほんのりと焦げ色がついたら棒を引き抜いて、斜めに切る。その切ったかたちが先の膨らんだ「たんぽ槍《やり》」の穂先を切ったように見えることからの命名ですが、きりたんぽはかならず汁の中に入れて煮て食べるので、きりたんぽ、とだけいえば、それを入れた鍋のことも同時に指し示すことになっています。

きりたんぽとともに鍋に入れる具材は、鶏肉、ネギ、セリ、キノコなど、なくてはならないものが決まっています。この鍋はもともと山に入って狩をする山びと（マタギ）の習慣に倣ったものとされ、狩猟民が携行食として山に持ち込んだ蒸し焼きにして固めた半搗《はんつ》き米を、射止めた山鳥や山菜といっしょに汁に炊いて食べたのが原型ではないかといわれています。それが山から里に伝わって鍋料理として定着したのですから、まさしく山鍋の代表にふさわしい存在でしょう。きりたんぽ鍋の味つけは、醤油味に鶏から出たスープがきいた濃い味のもので、もちろん最初から決められています。

一方、しょっつるは、漢字では「塩汁」と書き、ハタハタからつくった魚醤（魚介を大量の塩で発酵分解した液体調味料）をいいますが、この魚醤を使った鍋のことも同じ名前で呼びます。

しょっつるは、本来は貝焼きにするものです。貝焼きというのは、帆立貝の殻に汁と具を入れて煮る料理法。貝殻ですから、いくら大きいといっても一人前です。つまり、きりたんぽが大勢で囲む鍋であるのに対し、しょっつるのほうは個人用の鍋なのです。

秋田では、子供が成長して一人前の大人として認められる、いわゆる元服と呼ばれる年齢（昔は十五歳前後）に達すると、成人の証として、貝焼き用の貝殻とそれを載せる貝風《きやふ》炉《ろ》（小さな七輪）を与えたのだそうです。それまではお父さんかお母さんの貝から魚や汁を分けてもらっていたのが、自分自身の個人用の道具をもつことができるようになった。そのことは、塩辛い魚醤の汁をどの程度に薄めるか、魚がどのくらい煮えたら食べるか、親に依存することなく個人の判断でできるようになったことを意味します。自分の味を自分で決められることは、独立した個人の人格が認められることにほかなりません。

農家の鍋は、山鍋でした。

あらかじめ決められた味は、家族の味であり、共同体の味です。

それに対して、しょっつるをその先駆的な存在とする海鍋は、個人の鍋、ということができます。いま私たちが食べている鍋は、たしかに食卓をみんなで囲んではいますが、そこにはそれぞれ独立した個人が集まっているのです。

かつて農家の人たちが山鍋を食べていた囲炉裏は、固定した火源であり、移動することはできませんでした。食事をするときはかならずそこへ集まり、汁を注いでもらって食べるのです。四角い囲炉裏のまわりではいっぺんに座れる人数は限られていますから、大人数の家族や、使用人がいる場合は、順番を待って食べたものと思われます。

農家の囲炉裏では、おもに薪が燃やされていました。囲炉裏から火を分けてどこかほかの部屋へ運ぶためには火鉢に移す必要がありましたが、大きな薪の燃えさしではうまく火鉢におさまりません。

火を小さな火鉢に入れて移動することが可能になるのは、木炭が普及してからのことです。とくに、江戸時代の中期以降、都市部に木炭がいきわたって、七輪という安価な道具が発明されてから、囲炉裏の火はどこへでも移動可能なモバイル火源となりました。

こうして、わざわざ囲炉裏のまわりに集まらなくても、七輪に炭をくべてどこへでも火源を移動することができるようになったことで、個人用の鍋というものが成立します。

いま私たちが鍋を囲むときの食卓にあるカセット・ガスコンロやＩＨヒーターは、機能的にいえば七輪の後裔《こうえい》であることに間違いありませんが、私たちはそこに、囲炉裏端のだんらんのイメージを重ねてはいないでしょうか。

日本人の特性として、集団主義というキーワードがしばしば取り上げられます。

長年にわたって水田による稲作に従事してきたことで、水の分配や農作業などにおける相互協力の必要性から、日本人は個を殺してでも集団の意志にしたがうようになった、というのですが……。

みんなで和気あいあいと鍋を囲む風景は、一見するとうるわしい家族だんらんの風景に見えますが、実はその中心にあるのはどこへでも移動可能な個人の火なのですから、いつでも解体する危険性を孕《はら》んでおり、集団への帰属は擬似的な装いなのかもしれません。

それぞれが具材を投入して火が通った頃に引き上げる海鍋を、表面的には和気あいあいと楽しみながら、私たちは水面下で熾烈《しれつ》な争いをしていることがよくあります。自分の豆腐が温まるのを待っていたら、いつのまにか隣の人に取られてしまったとか、自分の前に嫌いなネギが押し寄せられてきたのを、ぐいと押して向かいの人のほうに追いやるとか、隣の人が入れた肉を、沈んで姿が消えたのを利用して奪い取るとか、楽しげな顔つきとはうらはらに、箸はシビアな動きを見せています。

ある集団に帰属しながら、その集団の中での小さな差異や優劣をめぐって熾烈な争いを繰りひろげるのは、日本人にとって長年慣れ親しんできた、もっとも日常的なシチュエーションであるともいえるでしょう。

日本人がテーブルで食事をするようになったのは近代以降です。

江戸時代の食事は、銘々膳が基本でした。いまでも、旅館などの大広間で宴会をするときは、広い畳敷きの部屋に銘々膳をずらっと並べます。

銘々膳は、ポータブルな個人用のロー・テーブルです。商家の場合は、箱膳という、食事道具の一式が箱におさまるようにつくられた銘々膳を使用しました。

明治から大正のはじめ頃までは、家庭でも銘々膳で食事をするのがふつうでした。銘々膳から卓袱台《ちゃぶだい》（複数の人が食卓として同時に使用する大型のロー・テーブル）へと移行するのは、都市部では大正期、農村では昭和初年であるという研究報告があります。

銘々膳がずらっと並んだ、会社の忘年会。百人なら百膳、二百人なら二百膳。どんなに大勢の人が集団で集まっていても、そこにある食卓は個人用なのです。

この光景を、集団主義的と見るか、個人主義的と見るかについては、意見が分かれるところでしょう。

ごはんですよ

私の父は京都生まれで、生家は新京極にあった下駄問屋でした。父は私が小学校に上がる前に亡くなったので直接聞いた話ではありませんが、よく母が面白おかしく聞かせてくれた父の昔話の中に、商家の食事風景がありました。ひょっとすると、父の子供の頃の思い出なのかもしれません、

食事どきに、広間に従業員が一堂に集められます。

それぞれ箱膳を抱えて、序列通りに並んで座り、そこへ食事が配られます。どんなものを食べたのかはわかりませんが、一汁一菜とか、その程度のものだったと思います。が、みんな腹を空かせていますから、どんなものであれ食事は待ち遠しかったはずです。

で、すべての配膳が終わり、さあ食事だ、と、箸を取ろうとすると、そこへ店の主人があらわれるのだそうです。

「ほな、いっとくけどな……」

と、ここから主人の説教がはじまる。

今月は売り上げが悪いとか、客からクレームがついたとか、全体的なことからはじまった小言はしだいに従業員のひとりひとりに及び、番頭はんから丁稚《でっち》どんまで、名前を挙げて次々に叱責《しっせき》が飛ぶ。あんたはんはどこがいけない、ここが悪い、そやさかい……。

説教はえんえんと続くのだそうです。そしてみんながいい加減にげんなりした頃、ようやく話が終わって食事がはじまる……。

とりたてて文句をいうことがないような日でも、食事の前にはかならずねちねちと説教をする。その頃は、食事中に私語を交わすなどもってのほか、みんな黙って飯をかっ込むだけでしたが、それでも気持ちよく食べれば食が進む。そこで食前に小言を長々と聞かせると、食欲が落ち、ごはんをお代わりする者がめっきり減るので、月に何升かのコメが節約できる……というのが話の落ち。嘘か本当か知りませんが、さもありそうな話です。

早めし早××芸のうち、といわれた昔は、ゆっくり時間をかけて食事をすることも、食事中に楽しそうに話をすることも、商家だけでなく、どの家庭でもありませんでした。

食卓の情景が変わったのは、戦争が終わり、平和がよみがえってからのことです。すでに銘々膳から卓袱台への移行が終わり、国家的な団結のために家族が相和して食卓を囲むことが奨められた戦時中のぎごちない一時期を経て、戦後になると食卓は家族が集うだんらんの場として、家の中で中心的な役割を果たすようになっていきます。

食卓の上には一家の主婦が用意した料理の皿が並び、お父さんから子供まで、お祖父《じい》さんやお祖母《ばあ》さんも、全員が同時に食事をします。慣れない食卓での会話も、少しずつですが交わされるようになっていきました。

そういう家庭では、ごはんが炊き上がると、お母さんが家族に声をかけます。

「ごはんですよ」

その声を聞いて、家族が食卓のまわりに集合します。温かいごはんに、温かい味噌汁。それに手づくりのお惣菜。そこには日本人が求めてきた理想の食卓がありました。

たまたまその日にお父さんが仕事で出張している場合は、お父さんの分としてお茶碗にごはんをよそい、陰膳《かげぜん》を据えました。また、亡くなった家族がいる場合は、仏壇の位牌《いはい》の前にごはんの入ったお茶碗を置きました。この行為は、家族は全員で同時に炊き上がった温かいごはんを食べるものである、という日本人のイデオロギーを表現しています。

ぐれた兄貴が夕食の時間になっても家に帰らず、夜遅くまで盛り場をほっつき歩いていた日には、帰ってから「冷や飯を食う」ことになります。ひとつの釜《かま》で炊いた温かいごはんをともに食べることはその集団に帰属していることの証明であり、それを拒否することは集団への従属を拒否するのと同じことでした。

かまどの釜が電気釜に替わっても、ごはんが炊き上がらないうちは食事ができない状況は長いこと変わりませんでした。だからみんな、

「ごはんですよ」

という声がかかるのを待っていたのです。

日本の家族が変質したのは、電子レンジや電子ジャーが普及するようになってからのことです。そして、いわゆるホカホカ弁当とコンビニが出現して以来、日本の家族は崩壊の危機に瀕《ひん》しています。

私たち夫婦には子供がいませんが、一時期、親戚の子供をしばらく預かったことがありました。高校生と中学生の、男子です。私は、突然自分の子供ができたような気分になって、彼らにいいました。

「じゃあ、きょうはおいしいものをつくってあげよう。なにが食べたいか、好きなものをいってごらん」

ふたりともスパゲッティが食べたいといい、ちょうどおいしい卵とベーコンがあったので、カルボナーラにしよう、というと彼らもよろこびました。

私は毎日料理をつくっていますから、カルボナーラなんか朝飯前です。でもパスタを茹でるときは、きっちりアルデンテに仕上がるよう、神経を集中します。あらかじめ皿を温め、時間を計り、舌先で硬さをたしかめて、茹で上がったらすぐにソースを絡めます。とくにカルボナーラの場合は卵の火の通しかたが微妙なので、鍋から皿に盛るタイミングが重要です。もちろん、そうやって真剣につくった一皿ですから、食べる人にもベストのタイミングで食べてもらいたい。

だから、私はパスタを茹でているときは電話にも出ませんし、妻であれ友人であれ他人の子供であれ、食卓に皿を置く瞬間によそ見や無駄話をしていることを許しません。

それなのに、なんということか、高校生と中学生の男子は、はじめのうちはいわれた通りにテーブルについていたのですが、これからパスタを茹でるから十分間待っていなさい、といって私が鍋の中の熱湯に視線を向けた隙に、プイと姿を消してしまった。

気配を感じて振り向くと、二人ともいなくなっている。私はパスタの投入を急遽《きゅうきょ》中止して、待て、と大声で叫びながら追いかけて彼らを連れ戻しました。

わずか十分間なのに、その時間が待てない男の子。あとで聞くと、なにもすることがないからテレビゲームをしに行った、というのです。なんてこった！

強制的に座らせて、再び手順にしたがってパスタを茹で、湯を切ってから、あらかじめベーコンを焼いておいた別のフライパンに移して、さあ、これから卵をちょうどいいトロトロ加減に仕上げよう……と思ってパスタを移そうとした瞬間、高校生の男子が私に声をかけました。

「あ、それ、いいです」

なんだって？　なにがいいの？

「あのー、ぼく、カルボナーラのソース、もってますから」

言葉の意味がわからず、私が一瞬ポカンとしていると、彼はズボンのポケットから、やおら一袋のパックを取り出したのです。

この体験は衝撃的でした。そうなのか、その袋の中身をかければ、スパゲッティ・カルボナーラができるのか……。

私はそのとき、金輪際こんな奴らにメシなんかつくってやるものかと誓いました。

いまの子供たちは、なにか食べようと思えばいつでも食べることができるのです。

私が子供の頃は、おなかが空いたら台所へ行って母親にまとわりつき、

「ごはん、まだ？」

といって催促するくらいしかできなかったものです。家には買い置きのスナックなどありませんでしたし、大人でさえ、一人分のごはんを買ってくることなど想像することさえできなかった時代です。

電子ジャーは炊きたての温度でごはんを保存することを可能にし、電子レンジはお茶碗一杯のごはんを温めることを可能にしました。そしてホカホカ弁当がいつでも温かいごはんとおかずを用意してくれるようになり、コンビニへ行けば一人分の温かいごはんをいつでも簡単に調達できるようにもなったのです。

かつては、ひとりだけ温かいごはんを食べることはできなかった。お父さんのためにだけわざわざ大きな釜でごはんを炊くことはあったかもしれないが、家族のそれぞれが好きな時間に自分だけ温かいごはんを食べることは、「一人分の温かいごはんが買える」という社会的なインフラが整わなければ実現できなかったことなのです。

カルボナーラの高校生の部屋をのぞくと、段ボールに一杯、袋詰めのお菓子やらスナッ

クやらが買い込んでありました。おなかが空いたら、いつでも好きなものを食べればよいのです。それならなにも決まった食事の時間を待つ必要もなく、料理ができるのを待つ時間が無駄だと思えばテレビゲームをやりに行けばよいでしょう。あとになってごはんが食べたくなったら、コンビニへ行って一人分の弁当を買えばよい。部屋で食べるのが嫌なら公園のベンチで食べたっていいのです。

この体験は十五、六年前の出来事で、私もまだ年寄りといわれる年齢ではなかったのですが、思わず、

「近頃の若いもんは……」

と嘆息したものです。が、憤って、呆《あき》れたあと、待てよ、これもまたひとつの時代の転機なのかもしれない……と考え直しました。

フランス人は、パンを食べます。

いや、フランス人だけでなく、中国の北部から西アジア、そしてヨーロッパからアメリカにいたる大半の国では小麦からつくったパンを主食としています。西アジアや北インドでは無発酵ないし半発酵の平焼きパンを食べますし、ヨーロッパも北のほうへ行くと大麦

やライ麦のパンになりますが、いずれにしてもムギの粉を溶いて焼いたもの。むしろ、コメを主食とする国や地域のほうが少数派です。

そのコメを主食にする国や地域の中でも、日本人は例外的に、粘り気のあるコメを好むのが特徴です。

大のコメ好き国家であるイランや、コメの原産地に近い中国南部やタイ、ミャンマーなどでも、好まれているのは粘り気の少ない長粒米です。世界一の高級米とされるインドのバスマティ・ライスがその代表的なものですが、細くて長いコメを、たがいにくっつかないようにサラサラに炊くのがよいとされています。そのサラサラのごはんに、さまざまな料理を載せたり、混ぜたり、その汁をまぶしたりして食べるのが、世界的に見ればもっとも常識的なコメの食べかたなのです。

日本人は、粘り気の強い、たがいによくくっつく丸っこい短粒米を、炊いてすぐ、温かいうちに食べるのをよしとする規範を掲げることで、ともすればバラバラになりがちな家族の絆《きずな》を、

「ごはんですよ」

の一言で結束させ、そのネバネバとした粘着力で、家族という集団から個人が離れていくのを繋ぎ止めようとしたのではないでしょうか。

その点、パンは違います。

パンを食べる地域でも、昔はそれぞれの家庭でパンを焼いていました。いまでもインドの北部や西アジアのほうへ行くと、庭先に小さなパン焼き窯《がま》を設えている家があります。そのあたりではナンという平焼きパンを食べるのですが、壺《つぼ》のようなかたちの素焼きの窯の、底のほうに火を熾し、高温になった窯の壁に生地を貼《は》りつけて焼くのです。

中東の国々では、町や村に共同のパン焼き窯があるところが多いようです。

そういう地域では、パンの生地はそれぞれの家庭でつくり、それをパン屋さんに持ち込みます。パン屋さんといってもそこでつくったパンを売っているのではなく、各家庭が持ち込んだパン生地を焼いて、手間賃を取る店です。

共同パン焼き窯は、もともとは共同体の公的な施設だったものですが、そのうちに、頼まれた生地を焼くだけでなく、自分のところで生地からつくったパンも売るようになっていきます。それが原因か結果かはわかりませんが、そうこうしているうちに家でパン生地をつくる人がますます減っていき、パン焼き窯はその職人とともに独立して、パン屋さんという商売が生まれました。

ヨーロッパでは、この過程がいち早く進行しました。もちろん地域によってかなりの差があるとは思いますが、おおまかにいって中世の終りごろには、パン屋という商売が成立していたのではないかといわれています。

毎日の主食を、家で用意するのではなく、町の店に行って買う。

考えてみれば、大変な変革です。

パリに住むフランス人は、毎日三回パン屋さんにパンを買いに行く、といわれます。実際には、朝はゆうべの残りのパンを焼いて食べることのほうが多く、食事のときに食べるバゲットという細長いパンのほかに、日持ちのよい大型の田舎パンなどを用意しておくのがふつうですから、そこまでマメに買いに行く人はそう多くないと思いますが、バゲットはちょっと時間が経つとすぐ硬くなるので、毎食おいしいのを食べたければパン屋さんまで足を運ぶ必要があります。

そのかわり、パン屋さんまで行けば、一日のうちのどの時間帯でも（売り切れてさえいなければ）、自分だけの主食を自由に手に入れることができるのです。

パリでは、パン屋さんも、当番制で診察をする町医者のように、日曜でも祝日でも、かならず歩いていける範囲に一軒は開いている店があるように定められています。なくてはならない主食として、いつでも確実に買えるよう配慮されているのです。

バゲットは一本で二百五十グラムもあるので、多いと思ったら半分だけ買うこともできます。ドゥミ・バゲット（バゲット半分）、といえば、店員さんがその場でバゲットをふたつに切ってくれます。残りの半分は、すぐにほかの誰かが買って行くでしょう。

バゲットを半分と、ハムかソーセージ、あるいはチーズ。それにミネラルウォーターかワインがあれば、一回の食事は完璧《かんぺき》です。町の中の店でそれらを調達し、公園にでも行ってベンチに座れば、ひとりだけで優雅な食事が楽しめます。

つまり、日本のカルボナーラ男子が最近ようやくできるようになったことを、フランス人は何百年も前からやっているのです。

私は、ヨーロッパでは、パン屋さんの独立によって、個人の自我が確立したのではないかと考えています。近代の個人主義は、自分だけの主食をいつでも好きなときに獲得できるようになった日から、はじまったのだと。

コンパニオンを探す時代

食事の時間がバラバラになると、家族は崩壊する。

そんなことで崩壊するような家族なら崩壊すればいい、といういいかたもできますが、それで崩壊する家族もあれば、しない家族もあるでしょう。ただ、

「ごはんですよ」

の一言で繋がっていたあの日本の温かいごはんの粘着力が失われた以上、崩壊しないでいるためにはそれなりの努力が必要になります。もはや受動的に従属させられているのではなく、みずからの意志で積極的に帰属することを選ばなければいけないのですから。

パン屋さんの出現によって、早くから個人がいつでも家族の絆を振りほどくことができる条件が整ったフランスでは、ひとりで好きなときに食事ができるようになると、こんど

は、みずからの意志で、食事をいっしょに食べる人を探すようになります。

ときにはひとりで食べるのがさばさばとして気持ちよいが、でも、やっぱり好きな人といっしょに食卓を囲む楽しさは捨てがたい。

では、私は誰といっしょに食事をしたいのだろうか？

こう自問するときから、コンパニオンを探す時代がはじまります。

コンパニオン（英語：COMPANION／仏語：COMPAGNON 女性はCOMPAGNE）は、仲間、伴侶《はんりょ》、相棒、友人、同好の士、旅の道連れ……という意味の言葉ですが、〈COM（CON）〉は「……とともに」という意味の接頭語で、〈PAN/PAGN〉は「パン」をあらわします。

つまり、直訳すれば、ともにパンを食べる人。

カンパニー（英語：COMPANY／仏語：COMPAGNIE）も同じ系列の言葉で、「ともにパンを食べる人たち」から、親しい間柄、ともに働く仲間、そして、会社、という意味にもなりました。

コンパニオンとか、カンパニーとかいう言葉からは、ともにパンを食べる人はかならずしも夫婦や家族ばかりとは限らない、ということがわかります。夫婦とか家族とかいう絆をいったん振り払って、自分とともにパンを食べる人を、自分といっしょに食卓を囲む人を、一から新たに探すのです。

それが結果としてやっぱり夫だった、とか、妻だった、とかいうことになればご同慶の至りですが、そうなるとは限りませんね。

こんなだらしない夫よりイケメンの韓流スターがいいわとか、こんな婆さんより若い娘のほうがいいなとか、ないものねだりはナシとして、自分の身のまわりを見渡せば、あの人となら楽しく食事ができそうだ……という人はかならずいるはずです。

私は、できることならおいしいものを食べたいとは思いますが、おいしい料理を嫌な人と食べるより、まずい料理でもいっしょにいて楽しい人と食べるほうがずっと好きです。

想像してみてください。仕事がらみの接待で高級料亭に行き、何万円もする料理を会社の経費で食べることができても、得意先に仕事のミスをなじられてぺこぺこ謝りながらでは、味がわからないどころかストレスが溜《た》まるばかりでしょう。それより、安い居酒屋で気心の知れた仲間とおだを上げているほうがずっと楽しい。

巷《ちまた》には、なんでもおいしいものが揃っている時代です。

いまは、もう、なにを食べるかより、誰と食べるか、誰とどう食べるかのほうが、ずっと大事だと思います。

遅ればせながら、ホカホカ弁当やコンビニのおかげで、日本にもようやく「パン屋さんが独立する時代」がやってきたのです。いまからでも、ともにパンを食べる人、いや、ともにごはんを食べる人を、探しはじめてはどうでしょうか。

二十年食堂

もうだいぶ前のことになりますが、ある出版社の特別企画で、『夢のレストラン』という本を編集したことがあります。

二十一世紀に実現するかもしれない（まだそのときは二十世紀でした）、想像するだけで胸が躍るような、未来のレストラン。大勢のスタッフが集まって知恵を出し合い、できるだけ破天荒な、思いっきり荒唐《こうとう》無稽《むけい》なアイデアを並べ立て、それを写真やイラストで、ロケーションからインテリア、エクステリア、具体的なメニューまで、その店が実際に存在しているかのように構成するのですが、まだＣＧの技術もほとんど利用できなかった時代に、あらゆる手段を使って、いま見ても本当に美しく面白い本をつくったものだと自負しています。

最終的に掲載された夢のレストランは全部で十七店。その中には、たとえばこんなものがありました。

古代都市フォルム・ロマヌム。

都会のどまんなかに、小さな亀裂のような入口が開いており、そこから透明のチューブでできたエレベーターに乗って下りていくと、古代ローマの浴場に降り立つ。

まず風呂を浴びてから白い寛衣に着替え、浴場の外へ出ると、そこはトラヤヌス帝の時代そのままのローマの街。広場には屋台の物売りが出ているのでまず古代ビールで喉《のど》を潤すが、ときどき馬車が砂塵を巻き上げながらフルスピードでわきを通り抜けるから気をつけなければいけない。

コロッセオでは、戦士とライオンの闘いをやっています。

ちょっと見物してから建物の裏にまわると、そこは貴族たちが寝そべりながら豪華な宮廷料理を貪り食う饗宴《きょうえん》の館であった……。

もちろん、ここで出る料理は古代ローマの料理文献を忠実に再現したもので、一流シェフに頼んで実際につくってもらいました。

あるいは、辻《つじ》鍋。

都会の道路を歩いていると、信号のわきに標識が出ている。

「この先、鍋あり」

おお、そうか、と思って前方を見ると、少し先の交差点の上に、巨大な鍋が浮かんでいる。直径二十メートルの大鍋が、四つ角から延びる四本の歩道橋に支えられて、交差点の上をUFOのように覆っているのだ。

鍋の材料は毎日追加され、味は千変万化する。この町にやってきた人は、いつでもこの鍋を食べることができる。鍋を取り囲むようにして長いカウンターの席があり、買い物帰りのおばさんが、学校帰りの子供たちが、夕方になれば帰途につくサラリーマンが、気軽に立ち寄って食べていくコミュニティー・レストラン……。

たしか、雨が降ってきたらどうするのだという質問が出て、

「上空は強力なエアカーテンで守られているので雨が降っても平気」

という一文をつけ加えたことを覚えています。

そうかと思うと、四百メートルの高層ビルの屋上にあるレストランに入ると、店の空間はそこからさらに百メートル上空まで、命綱のワイヤーによって熱気球のようにふわふわと浮かび上がる「空飛ぶレストラン」。

あるいは、海岸から亀のかたちをした潜水艇に乗り込むと、ほどなく沖合三キロ、深さ八十メートルの海底にある、竜宮城レストランにたどり着く。本物のタイやヒラメのあいだを鮮烈な輝きのロボットフィッシュが行き交う海底の風景を眺めながら食事を終え、帰りに渡された玉手箱を家に帰って開けてみると、それは3Dのホログラム再生機になっていて、自分の部屋がたちまち竜宮城に変わるのだった……。

さて、本題に戻りますが、夢のレストラン十七店のうち、馬鹿馬鹿しいアイデアにはたいがい私が関わっているのですが、その中で、私が昔から真面目に考えていた構想がひとつだけありました。それは、二十年食堂というものです。

その店での食事は、二十年前に予約します。

予約が入ると、まず、畑にブドウの苗木を植える。

それから、次々に、モモや、クリや、カキや、リンゴなど、料理やデザートに必要な果樹も植えて、育てはじめます。

よい牛肉をつくるために、優良な種牛を選抜して牛を育て、豚や羊の牧場もつくらなければなりません。小麦畑もつくり、製粉工場を建て、パン焼き窯を用意します。

五年前には、十五歳になったブドウの樹から果実を収穫して、ワインを仕込みます。

そして四年前になったら、川にサケの稚魚を放流します。予約の年に、新鮮なイクラが手に入るように……。

こうして、野菜はもちろん、あらゆる食材をその日のために一から用意するレストラン……というのが私のアイデアでした。編集会議の結果、本編では「二十歳の食卓」というタイトルで、ある一人の少年が生まれたとき、その少年のためだけに用意された広大な荘園を舞台に、二十年後の祝いの食卓のためにすべてが準備される、という設定になりましたが、私がずっと考えていたのは、毎日の食卓にのぼる、なんの変哲もないように見える食べもののひとつひとつが、実はそれぞれに途方もない時間や人びとの努力を背負っているのだ、という思いでした。

たとえば食卓の上に一個のリンゴがあるとします。

そのリンゴは二日前に近所のスーパーで買ったものですが、信州の農園で一週間前に収穫され、農家のトラックに積まれて農協に出荷されたあと、運送会社によって青果市場まで運ばれ、仲卸し業者を経てスーパーの店頭にたどり着きました。

このリンゴが実っていたリンゴの樹は、今年で樹齢三十年を迎えます。三十年前にこの樹を植えた果樹園の主人は五年前に亡くなり、このリンゴを収穫したのは息子さんです。

三十年前に植えた百本の樹のうち、二十本は虫や病気にやられ、いま生き残っているのは八十本ですが、そのうちの半分は老齢化によって生産量が落ちているので、来年の春までに伐採して、新しい苗木に植え替える予定です。このリンゴは、その樹の最後の収穫になるでしょう……。

たかが一個のリンゴにも、たどってみればこれだけの物語があるのです。しかも、農園から食卓に運ばれるまでに、何十人もの人手がかかっている。

さらにいえば、三十年前に植えたこのリンゴの苗木は、県の育種場で栽培されていた樹齢二十年のリンゴの樹から、枝を取って挿し木で育てたものでした。五十年前にその樹を植えたのは……。

つまり、ある一個のリンゴがいま自分の目の前にある食卓にたどりつくまでには、夥しい時間の積み重ねと、数え切れないほど多くの人の関わりがあるのです。

そう考えると、あらゆる時間と空間の組み合わせの中で、膨大な数のリンゴの樹に実った無数のリンゴから、たったひとつだけ、いまこのリンゴが自分の目の前の食卓の上にあること……は、まさに奇跡だとは思えないでしょうか。

コンヴィヴィアリテ

ワインを飲むとき、私たちは、このワインは何年ものだ、とか、よくヴィンテージ（収穫年）の話をします。十年前に収穫されて仕込まれたワインなら、そういえば十年前にはあんな事件があった、こんな流行があった、十年前は自分はなにをしていたなど、思い出話に花が咲くこともあります。

一方、十年前にはある醸造場でこのワインを仕込んだ人がいて、さらにその二十年か三十年か、ときには五十年も前に、そのブドウの樹を植えた人がいる。それはフランスの田舎で、植えた人は当時四十歳の……。

こんなふうに、野菜でも、肉でも魚でも、食卓の上にある食べものや飲みもののひとつひとつについて考えてみると、私たちの食卓は語り尽くせない物語に満ちています。

それが地球上のどの地点から、世界中の何人の手を渡って、いま、自分の目の前のこの一点に集まってきたのか。

始原も定かでない無限の時間の彼方から、いまこの瞬間にいたるまで、どれだけの過去をそれらは背負っているのか。

住んでいる場所の近くで採れたものしか食べることのできなかった昔と違って、現代の暮らしではさらにその範囲は広がり、毎日のありふれた惣菜の一皿にさえ世界中の時間と空間が凝縮されています。

食卓の上の食べものだけではありません。

その食卓についている人間についても、同じことがいえるのです。

いま、この食卓を囲んでいる、きょうの食事をともにする人の顔を、あらためて眺めてみましょう。

目の前にいるのは古い夫。ああ、私はいま、どうしてこの人といっしょにいるのだろう。この人と出会ったのは三十年前だった。あのとき会社で私の前の席に座っていたのがこの人でなかったら……。

夫だって考えます。こいつと最初にデートしたのは、前の彼女に失恋した直後で、俺、ちょっと弱気になってたんだよなあ……。

私は離婚しろといっているのではありません。いや、考えた末にそういう結論に達したのなら私は止めませんが、夫婦がそれぞれに歩んできた道程を振り返って、あらためて、後半生もこの人といっしょに生きていこうかと、「ともに食事をする人」を選び直してはどうですか、と奨めているのです。だいたい、たがいになんの関係もない遠く離れた別の場所で生まれたふたりの人間が、いま、この日の、この時間に、ひとつ屋根の下で、同じ食卓について向かい合っていることじたいが不思議ではありませんか。

友人や仲間といっしょに食卓を囲んでいるとき、私はときどき不思議な感慨にとらわれることがあります。

この何人かの人間は、どうしていまここにいるのだろう。

人の縁とか出会いというのはそれだけで不思議なものですが、いつか、どこかで、なんらかのきっかけで知り合った人間たちが、いま、こうして、ここに集っている。それぞれに、別の人生を背負いながら。

私を含めて、いまここにいる人たちが、次にまた同じメンバーで集まれるという保証はどこにもありません。このうちの誰かが、近いうちに病気になるかもしれないし、ひょっとしたら明日死ぬかもしれないし、遠くへ行ってしまうかもしれないし、仲違いして二度と会わないようになってしまう可能性だってないではない。

そう思うと、きょうの会食は、唯一無二、空前絶後の出来事ではないか。

その上に、この食卓の上にある食べものや飲みものは……。

人間ならまだ、意志をもって集まるのだから示し合わせて時間と場所を決めることができるけれども、この野菜や、魚や、肉や、コメや、パンや、ワインは……いったいどんな運命に導かれて、きょうという日のこの時間、この場所に、たどり着いたのだろう。

これらのモノたちが地球上のある一点に集まって一堂に会することは、何億年の地球の歴史の中で、初めての、そして最後の機会であることは、誰も否定できません。

フランス語に、コンヴィヴィアリテCONVIVIALITEという言葉があります。

コンヴィーヴCONVIVEというと「会食者、食卓をともにする者」という意味になりますから、コンヴィヴィアリテは、「ともに食卓を楽しむこと」、さらに、「ともに食卓を囲むひとときの楽しい雰囲気」ないしは「いっしょに食事を楽しめる仲間がいることのよろこび」といった意味合いになる、幅の広いニュアンスをもつ言葉ですが、すでに見たように〈CON〉というのは「……とともに」という意味の接頭語ですから、「生きる」という意味をもつ〈VIVE〉と合わさると、「ともに生きる」という意味になり、これがもともとこの言葉の原義なのです。

つまり、ともに食べることは、ともに生きることである。

ともに生きるということは、すなわち食卓をともにして、食べながら、飲みながら、語り合いながら、おたがいにいまこの同時代に生きているという幸福をたしかめることである……という、「世界でいちばん食卓についている時間が長い民族」であるフランス人の人生哲学を表明したものが、コンヴィヴィアリテという言葉なのです。

これを簡潔な日本語に翻訳するのは難しいのですが、私は、一期一会、と意訳してもよいのではないかと思っています。

一期は一生、一会は一度。どんな出会いも一生に一度、これを逃したらもう二度とその機会は訪れないかもしれないのだから、そのつもりで精一杯、心をこめておもてなしをする、という茶道の心得をあらわす言葉とされていますが、その精神が、どこかでコンヴィヴィアリテという概念に通じているように思うからです。

まあ、コンヴィヴィアリテでも一期一会でも、言葉はどうでもよいとして、ともすれば惰性でやり過ごしてしまう毎日の食事を、一度違った角度から見直すのは悪くないことだと思います。

もう一度、いま食卓の上にある食べものや飲みものと、いまともに食卓を囲んでいる人の顔をよく眺めながら、歴史上のある一瞬、地球上のある一点で、これらのすべてが奇跡のように出会うという稀《まれ》な出来事に自分は立ち会っているのだと思えば、日常のありふれた食卓の風景が、まったく違ったものに見えてくるのではないでしょうか。

さて、六時限にわたったきょうの授業も、そろそろおしまいの時間が近づいて来たようです。最後までつきあっていただいて、ありがとうございました。

私は、気の置けない仲間や友人と打ち解けながら、また、ときには好きな人や興味のある人と最初のうちはちょっぴり緊張しながら、食卓を囲んで語り合いながら時間を過ごすのが大好きです。いっしょにいて楽しい人となら、時間が経つのも忘れてしまうほど愉快な体験になることは間違いありません。

食卓を囲む楽しみは、食べものを介しての、人との出会いにあります。本当のご馳走は料理ではなく、そこに流れる時間なのです。

現代の日本に生きる私たちは、世界中で例がないほど贅沢な食生活を保証されているといっていいでしょう。私たちはあまり気づいていませんが、かつては王侯貴族だけが富と権力に飽かせてようやく手に入れることができたような世界の珍味佳肴《かこう》も多少の出費を覚悟すれば買うことができますし、だいいち、食べたいものはなんでもいながらにして注文でき、山の中に住んでいても海から獲れたての魚が活きたまま届くのです。物流の面からも、情報の面からも、これほど食をめぐる環境に恵まれた国は、日本以外にない、と言い切ってさえよいと思います。

もう、おいしいものを求めても、これ以上ありません。

本当においしいのは食べものではなく、あなたが見つけた「ともにパンを食べる人」といっしょに食卓を囲む、かけがえのない時間なのです。

いったん食卓についたら、ほかのことはすべて忘れて楽しく過ごし、「毎日のつまらない食事」を、「お祝いのような楽しい食卓」にしようではありませんか。

放課後の雑談――まずい店ほど楽しめる

――五時限目の授業のとき、おいしいものよりまずいもののほうが記憶に残る、という話がありましたけど、これまで食べたものの中で、ラクダのハム以外にはどんなまずいものがありましたか。

「そう、ぼくはどんなにまずいものでも平気で食べられるほうなんだけど、パリの中華料理店で、まったく喉を通らない料理というのがあったね。肉と野菜の炒めもので、どう間違ってもそんなにまずくはできないはずの料理なんだけど、どの具にも生温《なまぬる》い油がぬるぬる絡まっていて、とにかく気持ちが悪いんだ。厨房をのぞくと、フランス人のお爺さんが中華鍋を振るっていた。コックが急病になったとかいっていたよ」

――それは災難でしたね。

「でも、おいしい店のことはすぐに忘れるけど、まずい店というのは印象に残る。ただし中途半端にまずい店はダメだよ。本当にもの凄くまずい店なら、いつまでも、あの店、ひどかったよなあ、とかいって盛り上がることができるし、人に話すときも、おいしかった話よりまずかった話のほうがウケるみたいだね」

――じゃあ、まずい店に出会ったときは、文句をいうより、その出会いを楽しんだほうがいいんですね。

「おお、君はよくきょうの授業を聞いていたね。そうなんだよ、食べている途中から頭を切り替えて、ひょっとしたら自分はいま世界でいちばんまずい料理を食べているのかもしれない、なんてラッキーなんだろう、と思う」

――前向きだなあ。

「要するに、どんな料理でも、いかに楽しむかが問われているのさ。おいしい料理はおいしいといいながら素直に楽しみ、まずい料理はまずいといいながらもっと楽しむ」

――ところで、きょうの授業で取り上げられたエピソードの中には、前にどこかで聞いたような話もあったみたいな……。

「ほう、よく気がついたね。たしかに、きょう取り上げたエピソードのうちのいくつかは、ぼくがこれまでに書いた本の中に、なんらかのかたちで出ているかもしれない。

ぼくは、三十三年前に最初の本を出してから、かれこれ六十冊くらいの本を書いているけれど、その半分以上は食べものがテーマなんだ。食に関しては特別の思い入れがあるので、何度でも繰り返して言いたいことがいろいろあるんだよ。

伝えたいと思うことは、一度書いただけではなかなか伝わらない。しかも、すでに出した本の三分の二以上は、絶版になっているからね。将来は電子書籍でもう一度読者の手に届けられる可能性もあるけど、いまのところは二度と読めない本が多いんだ」

――なるほど。

「それに、今回の授業は、ぼくが食べものについてこれまで書いてきたことのすべてを、あらためて編集し直して、残らず読者に提示したい、という気持ちで取り組んだ仕事なんだ。だから、再録したエピソードにも表現や解釈の違いがあるし、その後の新しい知見も加わっている。ぼくにとっては、きょうの六時限の授業が、食について考えていることのすべてを語り尽くす、ある意味では、最後の授業、かもしれない」

――まさに、一期一会ですね。

「というわけで、これでもう、ぼくの仕事は終わったと。……さて、そろそろ夕食の時間だな。なにか、おいしいものでも食べに行こうか」

――……。

「なんだ、腹が減っていないのか」

――いや……おいしいものより、まずいものが食べたいですね。

二〇一〇年　天高く馬肥ゆる秋

玉村豊男

玉村豊男（たまむら　とよお）

一九四五年、東京生まれ。東京大学仏文科卒業。在学中にパリ大学言語学研究所に留学。『パリ　旅の雑学ノート』『料理の四面体』をはじめ、精力的に執筆活動を続ける。長野県東御市に『ヴィラデスト・ガーデンファーム・アンド・ワイナリー』開設、二〇〇七年、箱根に『玉村豊男ライフアートミュージアム』開館。ワイナリーオーナー、画家としても活躍中。近著に『邸永漢の「予見力」』（集英社新書）、『世界の野菜を旅する』（講談社現代新書）。

食卓《しょくたく》は学校《がっこう》である

二〇一〇年一〇月二〇日　第一刷発行

集英社新書〇五六三H

著者……玉村豊男《たまむらとよお》

発行者……館　孝太郎

発行所……株式会社集英社

東京都千代田区一ツ橋二-五-一〇　郵便番号一〇一-八〇五〇

電話　〇三-三二三〇-六三九一（編集部）
〇三-三二三〇-六三九三（販売部）
〇三-三二三〇-六〇八〇（読者係）

装幀……原　研哉

印刷所……凸版印刷株式会社

製本所……加藤製本株式会社

定価はカバーに表示してあります。

ISBN 978-4-08-720563-3 C0236

Printed in Japan

a pilot of wisdom

a pilot of wisdom

集英社新書　好評既刊

子どものケータイ─危険な解放区
下田博次　0551-B

いつでも誰とでも繋がれるケータイの利便性が、少年犯罪をより深刻化させている。解決策を緊急提言。

二酸化炭素温暖化説の崩壊
広瀬　隆　0552-A

二〇〇九年、二酸化炭素温暖化説の論拠となっていたデータの捏造が発覚した。真の原因を科学的に考察。

腰痛はアタマで治す
伊藤和磨　0553-I

誰にでもある姿勢や動作のクセ。その誤った日常動作で生じた「腰痛」の予防・改善メソッドを詳細に説明。

最前線《フォワード》は蛮族たれ
釜本邦茂　0554-B

組織を変えるには「個」の力が必要である。サッカーからみた日本と日本人論を伝説のFWが強烈に放つ。

ルポ　在日外国人
髙賛侑　0555-B

多民族社会への道を進む日本。二二二万人に達した在日外国人の現状をルポし、多文化共生の道筋を探る。

知っておきたいアメリカ意外史
杉田米行　0556-D

アメリカ人にとっては常識でも多くの日本人は知らないという歴史的事実を紹介。米国の本質がわかる一冊。

「戦地」に生きる人々
日本ビジュアル・ジャーナリスト協会編　0557-A

世界の戦地に潜入し、戦火の下で生きる人々の声を届けるべく活動してきたジャーナリストの取材報告。

美人は得をするか「顔」学入門
山口真美　0558-G

美人の基準とは何か？似たもの夫婦はなぜ似るのか？「日本顔学会」理事である著者が顔をめぐる謎を解明。

長崎グラバー邸　父子二代
山口由美　0559-D

かつてグラバー邸に住んでいた武器商人トーマス・グラバーと息子の富三郎。父子二代の歴史ドラマを描く。

電線一本で世界を救う
山下　博　0560-G

自作の電線を自動車の内部配線に応用することを開発した著者。自然環境保全への可能性にも言及する。